科学、系统、专业、实用的教师培训指南

The Ten-Minute Inservice

40 Quick Training Sessions that Build Teacher Effectiveness

给教师的40堂培训课

教师学习与发展的最佳实操手册

[美] 托德·威特克尔（Todd Whitaker）
安奈特·布鲁肖（Annette Breaux）著

40天，每天10分钟，快速打造卓越教师

中国青年出版社
CHINA YOUTH PRESS
中青文传媒

图书在版编目(CIP)数据

给教师的40堂培训课：教师学习与发展的最佳实操手册 /（美）托德·威特克尔，（美）安奈特·布鲁肖著；张乐译. —2版. —北京：中国青年出版社，2019.1
书名原文：The Ten-Minute Inservice: 40 Quick Training Sessions that Build Teacher Effectiveness
ISBN 978-7-5153-5278-7
Ⅰ. ①给… Ⅱ. ①托… ②安… ③张… Ⅲ. ①师资培训 Ⅳ. ① G451.2
中国版本图书馆 CIP 数据核字（2018）第 198934 号

给教师的40堂培训课：教师学习与发展的最佳实操手册

作　　者：[美] 托德·威特克尔　安奈特·布鲁肖
译　　者：张　乐
责任编辑：肖妩嫔
美术编辑：靳　然
出　　版：中国青年出版社
发　　行：北京中青文文化传媒有限公司
电　　话：010-65511270/65516873
公司网址：www.cyb.com.cn
购书网址：zqwts.tmall.com
印　　刷：大厂回族自治县益利印刷有限公司
版　　次：2014 年 1 月第 1 版
　　　　　2019 年 1 月第 2 版
印　　次：2022 年 2 月第 7 次印刷
开　　本：787 × 1092　1/16
字　　数：140 千字
印　　张：15
京权图字：01-2013-2424
书　　号：ISBN 978-7-5153-5278-7
定　　价：39.90 元

前言

Introduction

给孩子最好的教育

你希望学生热爱课堂吗？你希望学生在未知的道路上勇敢前行吗？你希望自己成为卓越教师，并为学生创造一个轻松愉悦的学习环境吗？那么，请努力提高你的教学技能吧，本书将为你提供40堂美国最权威的教师培训课程，我们用这40个方法成功地让成千上万的教师快速成长为卓越教师。

也许你现在正忙于各种教学琐事，也许你的工作中总是充斥着会议、项目以及各种各样的紧急事项，甚至忙得连喝水的时间都没有，更别提专心研究教学技巧和参加教师培训了。那么，在如此忙碌的工作节奏中，我们如何才能提高自己的教学水平，给孩子们最好的教育呢？

本书所介绍的40堂教师培训课程，将以简洁明了的方式教会你如何成为卓越教师。本书中每一堂课都是相对独立的，因此你可以根据自己的实际情况，自行选择教学安排和进度。我们在每一堂课中将教给你一项简便、易行以及十分有效的教学方法，最为关键的是，它只需花费你短短的10分钟时间。

本书最重要的目的就是要让每个教师都对教学充满激情，并迫不及待地在第二天的课堂上实践自己在本书中所学到的新技巧、新方法。通过本书，你将领会高效教学的诀窍，并开始期待每一堂全新的课程。

真相：优秀的教学方法能造就优秀的学生，有效地提高成绩。

如果你是一名刚入职的新教师，你的进步则意味着你班级里所有学生都将获得进步。如果你是一名经验丰富的老教师，你在原有基础上获得的更大进步，则意味着班级里的所有学生也将获得更大的进步。如果你是一名优秀的学校管理者，那么你的职责就是让每位教师每天都能持续不断地进步，这样，学校里所有的学生也都会获得更快的进步。

现在，马上开始你的教学培训旅程吧！我们坚信，你一定能借助每次短短10分钟的课程和简单的步骤，学会运用这些简便、高效的方法，从一点一滴开始做出改变。一旦你做到了这些，你的每一堂课、每一位学生都将比昨天更加进步，而你也将因此成为更加优秀的教师，更加卓越的教育领导者！

目 录 Contents

PART 1

Classroom Management

课堂管理

第 1 课

吸引学生的注意力

目标

真相1　所有优秀教师都掌握了高效管理课堂的方法。

真相2　即使最优秀的教师也会不断努力提高自己的课堂管理水平。

真相3　并不是所有的教师都能高效管理课堂。

真相4　没有高效的课堂管理，高效教学实践就无从谈起。

真相5　所有教师都希望提高自己，但很多人因为管理水平不高而失败。于是又回到了真相1：所有优秀的教师都掌握了高效管理课堂的方法。

所有管理者都会认可这点，如果每个教师都能高效地管理课堂，那么纪律问题将会大幅减少，同时教学效果也会越来越好。

这里并不是否认书本知识的重要性，但无论哪个学科的书本知识都不能帮助教师成为高效的课堂管理者。如果学生课堂上无法无天，教师就不可能有效地教授学生具体的知识。因此，对一名缺乏课堂管理技巧的老师来说，高效的教学活动根本无从谈起。

不管你相信与否，在教学实践过程中，最令教师头疼的问题就是如何吸引并保持学生的注意力。你是否旁听过某场讲座，演讲者为了吸引听众的注意力在台上用尽了全力，结果却以失败告终？或是在演讲中，演讲者自己不知不觉地就跑题了？或是讲座进行到一半，演讲者却不得不提高嗓门以压过听众聊天的嘈杂声。这些都算不上高效的演讲案例。同样，你是否见过老师在课堂上用各种方法费力地吸引学生的注意力？这也不是高效的课堂！

课程

在开始今天的学习之前，请先问自己这样一个问题：“对一名教师来说，所要具备的最重要的素质是什么？”你也可以找同事讨论并相互交流各自的想法。在这里，我要告诉你的是，对教师来说，所要具备的一个最重要的素质就是掌握在课堂上抓住学生注意力的方法。

明白这个观点之后，请接着问自己第二个问题：“你在课堂上会如何吸引学生的注意力呢？换句话说，当你在课堂上发现学生的注意力不集中时，你一般都会怎样将他们的注意力拉回到你这里呢？”有很多教师并没有固定的方法来应对学生注意力不集中的问题。有些教师只是简单地说：“注意听讲！”如果说一次没有效果，他就多重复几次，直到学生的注意力回到课堂上。如果“注意听讲”不管用的话，这位教师可能会换个说法，比如“别说话了”等诸如此类的话。大多数教师在用这些句子来吸引学生注意力的时候，往往自身也会感到很不痛快。他们还有很多类似的言辞，但其产生的效果都差不多：一屋子叽叽喳喳、注意力不集中的学生。

那些优秀的教师往往非常乐意分享自己管理课堂时吸引学生注意力的方法。你应该多向经验丰富的教师请教新的课堂管理方法，以掌握高效吸引学生注意力的具体方法。

下面是我的经验，欢迎效仿：

你可以对学生说：“以后我可能会经常需要大家集中注意力。每次我需要大家集中注意力时，我会做两件事，下面我来演示一遍给大家看。”说这话的同时，你一边微笑一边把手举高。然后问学生：“你们看我做了哪两件事？”（学生往往首先会注意到你在微笑。）

等他们回答之后，你继续说："当你们看到老师做出这两个动作后，说明我希望大家停止说话并把手举高，这样我就可以知道大家的注意力回到我这里了。"说到这里，你可以停顿一下，然后继续说："现在，让我们来练习一下。等我说'开始'，大家就开始聊天，越快越好。当看到我微笑和举手之后，就停止说话并举手示意，准备好了吗？开始！"等教室变得嘈杂之后，你就微笑并举手示意，这时不要说话，直到学生都把手举起来，教室变得安静。这一过程往往只需要几秒钟。你会发现有些学生在这个过程中也会展露笑容，尽管事先并没有约定，因为笑容是可以传染的。面带微笑的教师，往往可以节省大量处理学生问题时所要耗费的精力。

很好，现在你面带微笑举手示意，等学生都安静下来，然后对他们说："谢谢大家配合。"不过相信大部分教师都清楚，学生不一定会那么快就适应这个过程，所以接下来很重要的一点就是要在课堂上不断重复演练这种方法。如果发现有学生忘记了，就要及时提醒，要持之以恒地在课堂上实践这种方法。记得要面带笑容，一旦你露出了不耐烦的神情，就意味着你失败了，这时你再怎么努力都没用了。

这种方法适用于各个年级的学生，并不存在哪种方法会显得"太初级"的问题。就像专业的足球教练，他在训练球队的时候，同样也是将一种战术反复不断地多次演练，每天如此，这就是球队致胜的秘诀。

最后，再次强调一下，如果你不能坚持使用这种方法，那么高效的课堂管理就会离你渐行渐远。你至少要熟练掌握一种方法来吸引学生的注意力，一种就好，前提是让学生彻底掌握并不断演练。如果你在实践此方法的时候能保持微笑，你就不需要在课堂上为处理学生问题而额外费神费力了。

实践

在这堂课中，我已经十分形象地演示了如何有效吸引学生的注意力。现在，需要你在自己的课堂中实践刚刚学到的方法。如果你已经掌握了一种适合自己的方法，那就继续按自己的思路管理课堂即可，当然，你也可以把自己的经验分享给同事。并不是所有的教师都需要完全按照前面那个示例来进行课堂实践。每个教师只要能掌握一种行之有效吸引学生注意力的方法，并且在日后的教学实践中不断练习即可。

需要强调的是，不管教师在课堂实践中选择了哪种方法，都要满足如下两个关键的要素：（1）要持之以恒地不断练习；（2）在实践某个具体方法时，教师要感到轻松和愉快。

一旦每个教师都能在课堂中坚持采用所学方法来吸引学生的注意力，课堂秩序问题将迎刃而解。此时，教师可以继续学习有关课堂管理的其他技巧和方法。同时，也要持续不断地在课堂实践中反复练习今天所学的方法。那些持之以恒的教师，最终会发现课堂里需要应付的学生问题越来越少！

笔 记

第2课

让学生遵守课堂纪律的秘诀

目标

你是否曾留意过那些最好的教师很少遇到有关课堂规则的问题。难道是他们班级里恰好坐着学校里最乖的学生吗？恐怕不是。你有没有发现那些最好的教师同时也是学校里最快乐的、最具师道风范的教师？是啊，要是学生都那么听话心情当然好了。同样，你也可能注意到这些教师在课堂上提出的课堂规则也非常简单。不过，你是否留意有哪些课堂规则是他们反复强调的呢？

有些优秀教师可能会跟你说，他们很少在课堂上遇到破坏规则的学生，但这些学生在其他教师的课堂上却劣迹斑斑。那些好教师到底掌握了什么秘密武器呢？在这里，我们不仅要把这些秘密武器传授给你，还要教会你如何在实践中将其运用自如，最终学会如何创造一个秩序良好的课堂。

说到纪律问题，让我们首先弄清楚什么才是教师在管理课堂时所遭遇的主要问题。走进任何一所学校，我们都会发现大部分教师会把课堂规则张贴在教室墙壁上一个很显眼的地方，而且往往会包含这么一条："发言前必须先举手示意"。其实这就是主要问题之一，说明教师没有分清课堂规则和课堂常规之间的区别。而这两点又是秩序良好的课堂所必备的要素，因此这样的教师很难管理好课堂秩序。

令人感到遗憾的是，多数教师之所以对课堂管理缺乏基本的认识，正是因为他们没有分清楚课堂规则和课堂常规之间的区别。

而这正是今天我要教会你的东西。

另外还要补充一句，了解课堂规则和课堂常规之间的区别以及正确地贯彻执行，只是成功教师的秘密武器之一。另一个秘密武器则是制定尽可能少的课堂规则，同时设计出很多具体的课堂常规。通过今天的10分钟培训课程，所有的教师都将掌握那些最好的教师手中的秘密武器。

课程

首先，强调一下，当你掌握了我们在“吸引学生的注意力”那一堂课中所介绍的方法时，请一定要坚持在课堂实践中进行操练，只有这样才能更好地和接下来将要学习的课堂管理知识密切结合起来。

今天，我将为你提供一些高效课堂管理者的秘密武器。这些秘密武器将大大减少教师在课堂上遇到的有关纪律的问题。很多人不知道的一大秘密就是，多数教师分不清课堂规则和课堂常规之间的区别。而明确课堂规则和课堂常规，正是高效课堂管理的关键所在。因此，如果缺乏对这两点的正确理解，教师将会在课堂上遇到各种纪律问题。

通过以下实例可以强调这一观点：

有些教师制定了关于上课讲话的课堂规则，而上课讲小话并不是什么严重的过错。随便讲话是不是过错？是的。是很严重的过错吗？不是。而课堂规则是用来管理严重过错的手段，所以在课堂上随意讲话只是违反了适当的“常规”，而不是破坏了“规则”。

课堂规则和课堂常规的区别：

- 课堂规则是用来管理严重过错的。课堂常规则用来说明如何在课堂中正确地进行各项活动——特定的课堂活动每次都要按相同的既定步骤执行。

- 若学生没有遵守课堂规则，要有相应的处罚措施。
- 若学生没有按照正确的课堂常规行事，首先应向他重申该常规的意义，并让他在具体的指导下进行演练。
- 课堂规则不能超过五条。
- 课堂常规应制定很详细的条款。
- 课堂规则实例：不可以打同学。（上课打架是严重的过错。）
- 课堂常规包括如何按秩序用餐、如何举手示意发言、如何加入或退出讨论小组、如何交作业。

当教师分清了课堂规则和课堂常规的区别，发现规则不能超过五条这个要求时，一定会觉得这很难做到。其实，有的教师只要一条或两条规则就可以高效管理课堂，关键是要在实践中不断强调和重申课堂规则。

优秀的高效课堂管理者都制定了很具体的课堂常规，但是并不是说所有的课堂常规都要同时实施。他们会首先从最重要的方面开始实践（比如吸引学生注意力的课堂常规），然后在教学过程中，每次在之前的基础上增加少量新的内容。在高效课堂管理者看来，学生从来不会为那些要求得很具体的步骤感到困惑。而这些课堂常规都是经过讨论和演示，最终教给所有学生实施的。如果有个别学生忘记了某个具体的常规，教师首先要给他重申正确的步骤。如果需要具体指导，那么教师应该身体力行做出示范。如果学生违反的是某条课堂规则，那么就没有讨论的余地，而应直接按事先约定的处罚措施来惩罚违纪的学生。学生其实事先也明白这一点，所以他不会感到意外。他们的行为多少含有一些“挑战教师底线”的意味，想知道违反规则的话到底会有怎样的结果。教师要预先制定课堂规则和课堂常规，并坚决贯彻和执行，只有这样才能收获一个秩序良好的课堂。

所有教师都需要特别注意，如果某些学生在一些小的常规问题上屡教不改的话，那么在这种情况下，教师可以按照违反规定进行处理。例如，如果教师已经制定了按顺序发言的课堂常规，有一个学生却多次不按顺序随意讲话，经过多次提醒依旧我行我素。此时，教师可以明确告诉他，若再出现随便讲话的情况，将按照违反规则的情况来处理。当然，对于类似的决定，教师一定要非常谨慎。按违反课堂规则的方式来处理不遵循课堂常规的行为，必须是在屡教不改的情况下才能实施。正如前面所述，课堂规则管理的是严重过错，尽管不按常规发言并不算严重过错，但若是三番五次地破坏既定常规随意讲话，这样的行为就应该视为严重过错并按违反课堂规则来进行处理。在接下来的课程中，我们将为你提供具体的策略来应对类似屡教不改的行为。

实践

仅仅知道这些管理课堂的秘密武器还不够，更重要的是要在实践中运用它们。现在我将布置两个任务：（1）制定出不多于五条的基本课堂规则，并将其告诉学生；（2）制定具体的课堂常规，并在教学过程中进行实践。一定要时刻牢记！

在接下来的课程中，我将为你提供具体的策略来应对学生在课堂上出现的不遵守课堂常规的行为。今天这一课的目标是让教师明确课堂规则和课堂常规之间的区别，为以后加强教学实践打下坚实的基础。

当学生明白在课堂中哪些事情可以做以及哪些不可以做，并且知道教师会坚持按照既定的规定和常规行事之后，他们将越来越自觉地遵守这些课堂规定和课堂常规。不信的话，你可以问问那些成功的高效课堂管理者！

笔 记

第3课
有效处理学生的不当行为

目标

当学生在课堂上故意做出某些出格的行为时，他往往心里清楚教师将会对此做出什么反应。他也知道自己有很多观众（教室里的其他学生），因此，他会更卖力地表现以哗众取宠。很多教师都会犯同样的错误，即当众处理某个学生的不当行为。这么做往往收不到预期的效果。而且，不恰当的处理方式往往会让事情变得更糟。当然，那些优秀教师已经掌握了有效应对这种学生的方法。遇到类似的情况，他们会私下里和学生进行一对一谈话，以消除个别学生在其他学生面前那旺盛的表演欲。

在上一堂课中，相信你已经知道了规则和常规之间的区别。当然总会有一部分资质平平的教师不断抱怨学生根本不按规则行事，他们不断抱怨自己的学生是学校里最不听话的学生。但大部分教师还是非常努力地在教学中实践了先前所学，只是他们还没有精确掌握课堂管理的关键窍门。他们不断把精力耗费在处理问题学生上，不知不觉就忘了自己的身份和地位，忘记了自己真正的使命。这说明这些教师还没有理解课堂管理的重点在于，要坚持执行先前制定的课堂规则，不断在课堂中强调并实施制定的课堂常规。

今天，我将为你提供一种行之有效的方法，帮助你处理课堂实践中个别学生出现的不当行为。

课程

在前面的课程中，我们已经讲过了如何吸引学生的注意力，以及如何建立并维护课堂规则和课堂常规。你是否遇到过个别学生，他们偶尔会忘记某些课堂常规？是否遇到过极个别的学生，他们三番五次地违反纪律，总是不提前举手示意就随便在课堂上讲话？

其实，在最优秀教师的课堂上也会存在这样的学生。我们今天所讲的内容，将提供一种有效的方法来应对那些在课堂上反复违反课堂纪律，或是从来不把课堂常规放在眼里的学生。（特别强调一下，这里讨论的不是那种偶尔一两次出现的不当行为，而是那些屡教不改的情形。）

秘诀就是：课后与学生私下进行单独谈话。（要注意，虽然下面举的例子里出现的是一个屡教不改、经常在课堂上随便发言的学生，但是对其他任何可能出现的不当行为，都可以用这个方法应对。）

在课堂上，一旦有屡教不改、不遵守课堂常规、随便讲话的学生，你就必须在课后私下约见他。用平和而非生气的语气向他表示你的关切："我发现你在课堂上发言的时候，总是忘记我们之前制定的课堂常规，要先举手示意然后才能说话。不过这不要紧，老师虽然是个大人了，也经常忘记一些事情。不过老师非常理解在朋友面前忘记事情会让你感到非常没面子，所以老师要帮你一把。老师利用今天的午休时间帮你练习，这样你就能更好地理解我们的课堂常规。老师很高兴能帮到你，午休见。"就这样，到午休时间，你就装作那位学生是真的忘记了发言前要举手这一常规，尽管他很可能只是内心里无视课堂常规。在私下谈话的时候，你不能表现出冷嘲热讽和不耐心的情绪，一定要让学生感受到自己是牺牲了休息时间来帮助他。就像你刚刚说的一样，你没有占用他的午休，而是牺牲掉了自己的午休时间。

于是，午休时间到了，这个学生如约而至。你对他说："非常高兴你能来。好，现在假设我们就是在课堂上，你想发言，你该怎么做呢？"该学生慢慢地举起手示意。这时你说："很好！我还可以让你继续练习十五分钟。你还需要再多一点时间来练习吗？或者你觉得自己已经充分理解了这一常规呢？"学生往往会说："理解了。"接下来你说："非常好！那么明天见。如果明天你还是没记住的话，那是老师还没教好，说明老师没有给你时间充分练习。没关系，就算放学之后老师也可以帮你练习，如果你需要的话，可以随时来找老师。"

事实上，真正实施这个方法的时候往往连一分钟都用不了，所以并没有影响到你的休息时间。如果学校没有安排午休的话，也可以利用课间时间、课前准备时间、课外活动时间以及午餐时间等来进行这段私下的谈话。

最后要注意一点，有的教师可能会问："要是到了约好的时间学生不来该怎么办呢？"答案很简单：过去找到他本人，然后面带微笑地说："你一定是忘了和老师约好了的谈话了，咱们走吧。"

实践

今天的练习任务是：至少和一名学生进行一次私下里的单独谈话。如果可以的话，多进行几次这样的谈话对掌握这种方法更有益处。但我们这里只要求进行至少一次即可。如果实践证明这种方法适用的话，那么以后也可以一直使用这个方法。

在本课结束前，我还有几句话要说。私下进行单独谈话这种方法看似简单，但效果显著。那些声称这种方法效果欠佳的人，要么是根本没有亲自尝试，要么是实践时的方法不当。熟能生巧，不是吗？多多练习这种进行私下谈话的方法，你会发现学生在课堂上出现的不当行为变得越来越少了。

笔 记

第4课
鼓励学生“犯错”

目标

在教学生涯中，老师们会碰到一个悲哀的事实，即很多学生都害怕那些不够完美的东西。许多学生都认为自己不可能达到大家对他的期望，于是干脆自暴自弃，或者假装不在乎。

这些学生经常会说：“我不在乎。”但事实上，他们真的很在乎——足够在乎到他们害怕犯错误，害怕自己出现不称职、不聪明、不受欢迎等各种类似的情况。很多学生为了让自己在他人眼中变得完美，对自己施加了很大的压力，这有可能导致他们失去自己本该拥有的快乐，他们不停地担忧，不断地感到焦躁不安甚至遭到身体和情感上的伤害。有时，他们会因为成年人的完美而感到压力。不管什么原因，如果一个学生感觉到自己不能犯错的话，这绝对不是好征兆！

我们总是努力教育学生，错误是学习和成长的最佳途径，犯错误并不可怕。至今为止，我们尚未找到一个对“错误是极好的学习机会”这一观点持怀疑态度的老师。然而，我们还是会碰到太多太多忘记将这个重要信息传达给学生的老师。因此，我们这节课的目标就是鼓励学生“犯错”。

课程

当学生知道，犯错误并不可怕，经常犯错误还能提高自己的能力，那么他们就不会惧怕犯错，反而会敢于冒更多的风险，努力取得更好的成绩！

在很多卓越老师的课堂上，学生的错误总是很快被他们指出并纠正，不仅如此，他们还善于向学生传达正确而有效的信息，比如，“没关系，你只是犯了一个小小的错误，现在让我们看看可以从中学到些什么”，或“没关系，通过犯错误，你会知道这个技能在哪些地方不适用，你也会因此更全面地掌握这项技能”，或“不要害怕犯错误，这恰恰向我证明了，你愿意尝试新事物，我非常欣赏你的这种做法”。

今天，我们可以练习下面两个步骤：

1. 在你的课堂上仔细观察自己的教学行为以及你如何鼓励学生正确对待错误。然后，问问自己：“我和学生讨论过，在我的课堂上犯错误不要紧吗？我和他们讨论过错误的重要性吗？学生知道他们在课堂上犯错误是不会被批评的吗？我在课堂上鼓励学生犯错误吗？我会提醒学生，当他们犯错误时要从这些错误中不断学习和成长吗？”

2. 和学生一起对错误进行讨论。告诉他们，你很期待他们能在你的课堂上犯错误，并向学生强调错误能够给成长带来很好的机遇，只要我们“从自行车上摔下来”之后愿意自己在原地爬起来，并敢于再次尝试。

做完这些之后，你就会成功地帮助学生在错误面前变得更坦然，并且将错误视为成长路上的垫脚石。我们坚信你一定能够帮助学生在错误面前变得更坦然，并鼓励他们勇于在你的课堂上犯错。

实践

现在，在你的课堂上，你已经帮助学生相信错误“很好”，也让他们认识到了犯错的积极影响，并且帮助他们消除了压力。没错，我们尽了最大努力帮助学生正确面对错误，尽管犯错确实会令人失望，但如果我们把犯错当做学习的机会，失望的感觉就会迅速被获得成就的自豪感所代替。

今天的实践包含了一些角色扮演。首先，针对学生经常犯的一些典型错误和学生进行一番简短的讨论。然后，把典型错误的清单发给每一个学生看。清单中可以包括以下内容：

- 回答不正确。
- 拼错单词。
- 在解决问题的过程中，缺少一两个步骤。
- 不认真学习。
- 做了一件坏事。

当你完成了这个清单后，请让学生分别从处理错误的适当方式和不适当方式两方面来进行角色扮演，然后从硬币两面性的角度来讨论这两种截然相反的方式所带来的不同结果。通过两种方式的强烈对比，你可以帮助学生正确地面对错误，消除对错误的畏惧心理。不仅如此，你还能帮助他们更好地从错误中吸取经验教训。

从今往后，你要不停地提醒学生，错误是学习的一部分。告诉他们不要害怕犯错误，要好好地利用错误来让自己进步得更快一些。

笔 记

第5课 消消气，别发火

目标

我知道，你为何怒吼，

声嘶力竭，虚张声势，

殊不知在众人眼中，

你已斯文扫地。

这首小诗是否如实地反映了某些教师的行为呢？据我所知，每所学校都有那么几个嗓门大的教师——他们在处理学生问题时，总会控制不住自己的情绪而大喊大叫。他们为什么会出现这种行为呢？无论他们是否承认，他们这么做正是不顾一切地想要夺回对学生的绝对控制权。这颇具讽刺意味，失控的大嗓门教师对着学生大喊大叫，只是为了夺回控制权。但这些教师自己却浑然不觉。就像骆驼看不到自己的驼峰一样，大嗓门教师也不知道，他们越是提高自己的声调，学生越不会服从他的管教。

我们可以随便到哪个学校进行调查，随便找校园里的学生问他这个问题："你的任课教师里谁最爱大喊大叫？"学生说得上来吗？答案是肯定的，百分之百的学生会告诉你学校里有这样的教师。每个学校里的所有学生都认识他们身边出现的大嗓门教师，学生都害怕上这些教师的课。如果你是一名教育管理者的话，你也一定曾经接到过学生家长的电话，他们希望将自己的孩子调换到某某教师的课堂班级里。有过吧？我们都知道谁是大嗓门，也一直犯难，不知道如何让他们学会控制情绪。其实，教他们控制情绪有一个好办法，就是要求他们在处理学生问题时，不许大喊大叫！

作为教师，谈话的时候提高嗓门是一种不专业的表现。所有教师都应该了解：当你和学生谈话时提高了自己的声调，就等于当众宣布了你连自己的情绪都控制不了。连自己的情绪控制不了的人，更不可能控制得了其他人。而作为教师，我们必须将学生随时置于自己的控制之下。所以，在处理学生的问题时，绝对不可以大声喊叫。请一定牢记！

课程

今天，在开始上课前，请考虑以下几个问题：

- 谁是学校里的专业人士？（教师！）
- 作为专业人士，是不是有义务为学生树立积极的形象？（是的！）
- 是否可以偶尔展露出负面的形象？（不可以！）
- 我们会不会在处理学生问题时感到沮丧？（当然会！）沮丧时，难道不想向学生宣泄这种情绪吗？（可以想象一下，但是不可以真的向学生宣泄出来。）
- 你是否有过沮丧和生气的经历，当时是否想提高声调冲学生吼叫呢？（当然有！）

作为教师，你一定要明确一点，无论怎样，如果你忍不住提高嗓门冲学生大喊大叫，这时你释放出的信号是“我控制不了自己了，我现在的情绪完全在你这个学生的控制之下”。于是，学生抓到了你的弱点，他可以轻松地用这种方法在接下来的整个学年里，把你置于他的控制之下。第二点也可能是更具负面效果的信号，是如果你真的和某个学生发生冲突，那么每次见到他的时候，你会更容易导致情绪失控。而这绝对不会是教师希望传达给学生的信号。因此，冲学生大喊大叫的行为是绝对禁止的。

在这里，推广“严禁大声喊叫”这一规定是十分必要且有益的。

从今往后，我们都要认同这一理念，执行这一规定。换言之，无论感到多么沮丧或生气，作为教师都要保持必要的职业素养。不要误解，保持职业素养不代表对学生不管不顾，只是在处理学生问题的时候，不能提高声调，而是要以专业耐心的职业态度对学生循循善诱。如果学生在你面前情绪失控了怎么办？记住，你们两人之中最多只能有一个人情绪失控，在这种情况下，学生越是控制不住自己，教师越要冷静地控制好自己的情绪，只有这样才有可能帮助学生平复心情。面对冲你大喊大叫的学生，提高嗓门并不是一个好主意，这不仅不会改善现状，还会令对方的声音变得更大。如果放任学生一个人在那里喊叫，那么他绝对坚持不了多久，等学生冷静下来，你再私底下找他谈话。

实践

本课的实践任务是让你牢记“严禁大声喊叫”的原则。我们建议你向学生宣布这项规定，这样学生才会知道教师不可以在和他们谈话的时候提高声调。当然，无论怎样，老师依然要对学生负责，就像以往一样。

让学生知道这项规定有两点好处：

（1）学生会意识到自己在师生关系中，处于更加安全的地位，不用担心老师变成可怕的样子。

（2）学生也可以反过来监督教师的行为，以免某些教师自认为当前环境中没有别的成年教师在场，就可以我行我素，冲学生大喊大叫。如果学生知道教师不可以冲自己高声说话，那么再遇到这种情况时他就可以当面指出。

笔 记

第6课
教师最容易犯的错误

目标

教师在教学实践中最容易犯的错误是：让学生看到自己情绪失控，让学生轻易就突破了自己的底线。下面简单举几个例子，可以直观地说明教师在课堂上犯类似错误时会有怎样的表现：

- 因生气而在讲话时提高嗓门。
- 讲话时咬牙切齿。
- 脸憋得通红。
- 双手环抱胸前，目视天花板，或许还在不耐烦地跺脚。

● 摆出吹胡子瞪眼的表情。

● 朝学生大喊："够了！去办公室等我！"

类似的例子还可以举出很多，相信你对这些行为一定并不陌生，也许某些行为在各自的同事中就能见到。但你也许会问，这有什么大不了呢？学生偶尔会招人生气，会挑战教师的耐心，当然有时难免会突破教师的底线——这就是问题所在！教师的底线绝对不可以让学生摸透。

课程

在上课之前，请先问问自己下面几个问题：

● 你曾因为学生而生气吗？

● 你是否曾因为"中了学生的计"而感到不爽？

● 你是否曾经让学生看出来他们的举动已经让你愤怒到失去理智？（每个人可能都会有至少一两次类似的经历。）

● 当学生发觉已经探到了你的底线，他会做什么？

请围绕下面几个主题仔细思考一下自己的教学：

● 作为教师，经常出现的重大错误就是让学生知道他们能够影响教师的情绪。教师如果表现出不满，学生就会觉得自己得逞了，他们会认为自己成功地控制了教师的情绪。

● 可以让学生看出你因为他们的所作所为而感到失望，但要分清，对他们的行为感到失望和让自己的情绪受他们影响是完全不同的。

● 另外，为学生的行为负责是完全正当的，并且要坚持从专业的角度对学生的所做所为尽到自己的责任，但不能任由自己的情绪和行为不受控制。

接下来，请仔细想想，你在自己的课堂上应该如何以冷静专业的态度来应对学生的不当行为，如何避免感情用事。简单举几个例子：

示例：课堂上有学生不断弄出声响。教师已经多次提醒该学生，可是他依然我行我素。面对这种情形，应该如何应对？

示例：某堂课上，学生正在独立完成各自的练习，有一个学生却在座位上无所事事，此时应如何应对？

示例：个别学生在课堂上嬉笑，引起了其他学生的注意，这严重影响了课堂秩序，此时应如何应对？

示例：有一个学生满面愁容地走进教室，看得出他在外面被别的学生欺负了，作为发现这个迹象的教师，应该如何应对？

示例：课堂上有学生和教师顶嘴，并且措辞十分不当。作为教师的你听了这些心里很不好受，此时应该如何应对呢？

你还可以在这里写下自己的例子：

实践

面对学生常见的不当行为，我们已经探讨了一些冷静专业的应对方式。从现在开始，希望你在不让学生发觉自己感情用事的情况下，处理好学生的不当行为，并记录下来。这样将会帮助你在遇到教学问题时，更加注意从专业的角度进行思考和分析，并提出应对方法。这正是本课所要达到的目标。首先让你以专业的方式进行思考，进而过渡到以专业的方式应对具体的问题。

笔 记

第7课 学会合理忽视小问题

目标

你是否有过开车带低龄儿童一起出游的经历？刚出发10分钟，他就急不可耐地开始发问："前面还有多远？"面对这样的问题，作为成熟的成年人，你没必要每次都回答。如果没有意识到这一点，孩子第一次发问你就回答了，他们很可能不停地问你相同的问题。最终，你忍无可忍，不自觉就提高了自己的声调，希望以此终结谈话。其实，如果你一开始能够做到合理"忽视"，那么这个问题就不会困扰到你了。

你或许见过一个成年人（他也许是家长也许是老师）和小孩子无休止地进行“乒乓争论”。“我不要干这个！”“不行，你得听话。”“不干！”“听话！”这场乒乓赛不会决出最终的赢家，最好的办法是一开始就不要参与进来，不要和小孩子争论。有简单的方法吗？有！容易做到吗？不容易！

事实上，就学生的有些行为而言，忽视它们的存在才是实现高效课堂管理的手段。但遗憾的是，很多教师根本没有意识到这一点。不论出现了什么状况，他们都会去主动干预。殊不知这往往会适得其反，费力不讨好，最终还会耽误宝贵的教学时间。这些教师在课堂上不是在忙着救火，就是在忙着准备去救火。在这里，请千万不能把在课堂管理中合理忽视某些行为和在课堂上放任不管这两者混淆。教师需要主动做出判断，哪些行为需要纠正、哪些可以忽视。教师忽视学生某些行为的目的是避免学生打断课堂。教师需要仔细考虑需要应对的事情以及正确把握时机的抉择，优秀的教师往往精于此道。今天的教学目标，就是让所有教师都学会利用合理忽视课堂上的一些小问题，以实现高效课堂管理。

课程

你是否听说过“与儿童结伴出游”的故事，是否曾因在自己的课堂中和学生有过“乒乓争论”而感到内疚。其实，有些时候，适当的忽视某些行为要比火上浇油更有助于高效的课堂管理。之所以强调“有的时候”，是因为有些出现在课堂上的不当行为是绝对不能听之任之的。

以下面两个场景为例，你认为哪种行为可以合理忽视，哪种不可以：

场景一：有一位学生不喜欢你刚刚布置的课堂练习，别的学生已经动手去做了，她却还呆坐在椅子上，表现出一副生闷气的样子，试图引起你的注意。

场景二：有一位学生在考试中作弊。尽管他试图掩饰自己的行为，但还是被你发现了。

显然，场景一里的学生行为可以被合理忽视。她最终会放弃靠生闷气抵抗课堂练习的幼稚行为，乖乖回到自己的学习任务中去。场景二里的作弊行为则绝对不可以忽视，你必须及时纠正。通过这两个例子，你是否对于哪些行为可以合理忽视，哪些不可以忽视有更具体的认识了呢？

下面是教师可以合理忽视的一些课堂行为，或可以暂时忽视直到教师想出妥善的处理方法。当然，你也可以在下面的横线上添加自己遇到的更多的课堂实例。

- 学生在课堂上不断用铅笔敲桌子。
- 两个学生在课堂上窃窃私语。
- 学生在课堂上把脑袋埋到桌子下面。
- 学生疑似在课堂上嚼口香糖，但他的动作很不明显，你不是特别肯定。
- 学生在课堂上发出声音，希望获得关注。
- 学生在课堂上传纸条。
- 学生在课堂上使劲合上书并将其摔在桌上，希望以此吸引你的注意力。
- 学生在课堂上讲了一些不合时宜的话——而且你也听见了。
- ________________________________
- ________________________________
- ________________________________

下面是教师不能在课堂上忽视的不当行为。同样，你也可以在下面的横线上添加自己遇到的更多的课堂实例。

- 学生经常迟到。
- 某个学生的行为伤害到了其他学生。

- 某个学生的行为威胁到了其他学生。
- 学生经常上课睡觉。
- 某个学生的行为严重干扰了课堂秩序，影响了其他学生的学习。
- ____________________
- ____________________
- ____________________

下面是教师合理忽视（以及暂时忽视）学生不当行为的好处。当然，你也可以在下面的横线上添加更多自己教学经验中的实例。

- 这可以给教师缓冲的时间，让教师冷静下来。
- 这可以让教师在处理问题时避免火上浇油。
- 这可以让教师避免打断课堂教学，同时可以有时间仔细思考应对方法。
- 这可以让教师在课后单独处理某些学生的不当行为。
- ____________________
- ____________________
- ____________________
- ____________________

实践

在接下来的一周里，请锻炼自己“合理忽视”的能力。在醒目的地方列出一份名为“不用管那么多”的清单以时刻提醒自己。然后，和所有教师分享这份清单。

有的时候，装作没看见是个好主意。

笔 记

第8课 控制情绪的小技巧

目标

我们会长记性吗？

我生气了，你小心点，

我会冲你发火，把你激怒。

满场的火药味，谁也不服谁。

两人越是吵得欢，样子越滑稽。

在旁观者眼里，

两个失去理智的家伙，

仿佛同极相斥的磁铁，

格格不入，陷入僵局。

会长记性吗？

不会？多丢人！

你是否曾面对过一个愤怒的人？愤怒的教师？愤怒的学生？他们的言行和上面这首小诗里描述得如出一辙。人的本能驱使着我们在面对冲突的时候，即使身处剑拔弩张的境地还忍不住做火上浇油的蠢事。作为专业人士，教师不应该表现出这个样子，我们应该做到处事不惊，当然这需要一定的技巧和训练。而要想成为一名合格的教师，就必须让自己具备这种素质。不过要彻底掌握这一点，需要耐心和日复一日的练习。今天，我们要教会各位教师的就是，无论别人表现得多么失控，我们都要控制好自己的情绪。

如果我们能掌握高效应对冲突的知识和技巧，那么以后我们将做得更好。很可能有些教师到目前为止，从来都没有学习过如何专业、有效地控制自己的情绪。而这些正是今天我将要讲的。

课程

在今天开始之前，请花几分钟思考下面这几个要点。

- 如果有人情绪失控，而你也一样失控的话，就相当于火上浇油。
- 如果有人情绪失控，而你能控制好自己的情绪，他那团怒火就会慢慢熄灭。
- 有人冲你大声叫喊时，你会本能地想要反击。
- 作为一名教师，用大喊大叫来回应学生的大喊大叫是不专业的行为。
- 两个大喊大叫的人不可能解决任何问题。
- 作为教师，难免会有面对愤怒的学生或不冷静的家长的时候，他们往往等着你失控，给他们的火气加油。
- 作为教师，无论何时，无论学生或家长做出什么举动，让自己失控都是不理智的行为。
- 要想成功地应对一个处于愤怒中的人，首先要解决引发此人愤怒的根源。

你认同以上所提出的观点吗？我相信，不会有人反对上面的观点，因为这几点说得都合情合理。

现在，请看几个有关教师如何应对愤怒的家长和学生的例子。然后想一想，哪些做法是高效的，哪些不是。

例一：有个学生不做课堂练习。教师用警告的口吻提醒她注意，结果这个学生冲老师大喊大叫：“我就不写作业！你管不着我！”教师回应道：“我能管你，你是要乖乖写作业还是要瞧瞧我的厉害？”学生继续：“你有什么厉害的？”教师说：“不写作业就跟我去办公室！”学生说：“好啊，去就去。”

例二：有个学生不做课堂练习。教师轻轻走到她身边低声说：“你哪里遇到问题了？需要老师帮忙吗？你今天看起来状态不对啊，有什么问题记得及时跟老师说。”

显然，第二个例子中教师的处理方法更加行之有效。教师很好地掌控了自己的情绪。尽管学生没有按要求进行课堂练习，教师依然主动施以关心的口吻，借此消除了潜在的一触即发的争执。即使这个学生没有马上就开始去做练习，在这种平和的气氛下继续沟通的最终效果，也会比第一个例子里闹到不可开交的局面要好。那些在课堂实践中按第二个例子中的方式与学生进行沟通的教师，往往很少遇到的阻力，他们更容易说服不专心的学生把精力集中到课堂中去。

例三：一名家长怒气冲冲地到学校质问教师。她冲教师喊道：“你处处跟哈里森过不去，我算是受够了。他没做错，你凭什么惩罚他。

你说他对玛利亚说脏话，那是因为玛利亚先开口骂他。你就是因为不喜欢他才处处跟他过不去，我受够了！”紧接着这名教师也提高了嗓音说：“他确实对玛利亚说脏话了，我可没错怪他，所有学生都能作证，他可是当着所有学生的面说的脏话。你还不清楚他自己的问题吗？我没错怪他，他做了错事就该受罚。”

例四：一名家长怒气冲冲地到学校质问教师。她冲教师喊道：“你处处跟哈里森过不去，我算是受够了。他没做错，你凭什么惩罚他。你说他对玛利亚说脏话，那是因为玛利亚先开口骂他。你就是因为不喜欢他才处处跟他过不去，我受够了！”教师用平和的语气回应道：“史密斯太太，容我跟您解释。咱们现在一时半会儿也无法知道哈里森究竟做了什么，没做什么，不过您为这事特意大老远跑到学校来，说明你是一个负责的家长。我们教师很敬重这样的家长。”

你觉得上面两个例子中，哪一个更有可能赢得家长的合作，进而妥善地解决问题呢？这里并没有涉及什么高深复杂的理论。在应对任何事、任何人的时候，我们都要表现出冷静、专业的姿态，这样才能赢得对方的理解，争取合作，进而更妥善地解决问题。如果自己都控制不住情绪而发火的话，那事情肯定会往更糟的方向发展。

实践

请考虑以下几种场景：

- 一个学生冲进教室，怒气冲冲地对你说："你最好叫布兰登别再对我说三道四的，不然我就要揍他了！"你认为低效的教师会怎么处理这件事？高效的教师又会怎么做呢？
- 一个学生在做课堂练习的时候，突然变得很不高兴，她生气地把试卷撕了，说道："我不做了，这些东西太没劲了！"你认为低效的教师会怎么处理这件事？高效的教师又会怎么做呢？
- 在课堂上，一个学生突然和另一个学生争执起来，这场争论很快升级，两人开始冲对方大喊大叫。你认为低效的教师会如何应对？高效的教师又会如何应对呢？
- 一个学生家长找到你，责怪你胡乱批评学生，欺负他们家小孩，不让孩子和自己的好朋友坐在一起，还老占用他课后休息的时间。你确实调换了这个学生的座位，但这是有合理原因的。你确实占用了他课后休息的时间，但这是为了帮助他完成上课时他没完成的任务。面对如此情景，你认为低效的教师会如何应对？高效的教师又会如何应对呢？

你愿意做低效的教师，还是高效的教师呢？认真考虑一下吧！

笔 记

PART 2

Teaching Practices

教学实践

第9课

高效教学的诀窍

目标

高效教学，具体应该怎么说呢？我们很难精确地给它下一个定义，但大家都能清晰地感受到它。学生、家长甚至是那些教学水平一般的教师亲临高效教学的现场时，都能立刻感受到它。但是，能感受到并不代表能在实践中亲自做到。

尽管水平一般的教师也能够在优秀教师的课堂上体会到高效教学的魅力，但他们却无法在自己的课堂教学中像那些优秀教师一样高效。在某种程度上，他们能觉察到自己的不足，但在具体实践的时候却不得要领，有劲使不出来。如果这些教师能够掌握教学的诀窍，他们同样也能高效地教学。毕竟，教师们都有一颗上进的心。

今天我的目的就是要加深教师对于高效和低效两种教学方法的认识。这点十分重要，只有认识到了，才能在实践中分清这两种教学方法的不同。

课程

今天，我们首先对下面所列的典型教学方法做出自己的判断，看看它们是属于高效教学法，还是属于低效教学法？

高效教学与低效教学测试

1. 讲课时的开场白是："打开教材，翻到第×页。"（低效）
2. 在课堂上尽量多用体验式教学法。（高效）
3. 和学生建立起愉快、轻松的师生关系。（高效）
4. 高度依赖书本。（低效）
5. 把课本当做教学资源和教学工具来用。（高效）
6. 多微笑。（高效）
7. 大部分时间都显得很严肃。（低效）

8. 教学实践中大量罗列文字。(低效)

9. 处理学生问题时，声调提高并且表现出失望沮丧的情绪。(低效)

10. 任何时候都表现得冷静、专业。(高效)

11. 在课堂上多次进行有组织的讨论活动。(高效)

12. 鼓励学生合作解决问题。(高效)

13. 测试中出现的题目不超出课堂教授的内容。(高效)

14. 测试中出现令学生感到束手无策的题目。(低效)

15. 和学生陷入激烈的争吵。(低效)

16. 私下里解决个别学生的问题。(高效)

17. 当众令学生难堪。(低效)

18. 详细地准备教学细节，以产生最佳的学习效果。(高效)

19. 重复使用同一套教学计划。(低效)

20. 不断学习并实践新的教学法。(高效)

21. 在课堂教学中紧密联系学生的实际生活。(高效)

22 . 拒绝改变。(低效)

23. 勇于接纳并追求成长和进步所必须的变化。(高效)

24. 经常和学生谈论积极向上的话题。(高效)

25. 经常和学生谈论负面的话题。(低效)

26. 对每个学生都充满信心。(高效)

27. 尽自己所能和家长保持沟通，让他们了解到学生的学习状况。（高效）

28. 重视学生的长处。（高效）

29. 发自内心地热爱教学。（高效）

30. 认为教学是一件麻烦的事情。（低效）

31. 经常抱怨。（低效）

32. 和同事保持良好的关系，相互促进提高。（高效）

33. 为了学生的成功奉献一切。（高效）

34. 认为每个学生都能成功，并平等地对待每个人。（高效）

35. 不放弃任何一个学生。（高效）

我相信你看完上面的教学方式后一定会有自己的判断。但如果你能无所畏惧地面对自己的内心，那么你一定会发现自己在实践中或多或少存在一些低效的做法。

实践

找出两三处自己在教学中的弱项，并且在接下来的课堂上进行针对性的练习。不仅如此，你还需要对自己教学中的强项进行完善，让其更加完美。

笔 记

第10课 优秀的教学是练出来的

目标

在上一堂课里，你已经学会了区分高效教学法和低效教学法之间的区别。现在，我们还要继续巩固这一概念。在高效教学法和低效教学法之间，是否存在一个灰色的中间地带呢？是的，这个灰色地带确实存在。如果能带领那些还不够高效的教师们进入这一中间地带，那也是很大的进步。当然，本课的主要目的是发掘出教师的最大潜力，以最终实现高效教学。如果能成功做到这一点，那么你最终会发现学生的表现有了显著的提高。

显而易见，教师能力的优劣会直接影响到学生的表现。教师越优秀，学生的表现就越好。

课程

首先，我们回顾一下上一节课所学的如何区分高效和低效教学。上一节课，我已经要求你总结出自身存在的弱项，并且在课后进行针对性的练习。今天，请你仔细思考，在下面列举的教学情景中，高效和低效的教师将如何做出不同的应对措施。

高效教学与低效教学实践

● 一个学生在课堂上一直和其他学生聊天。他这个举动非常明显，必须及时制止。面对这个情形时，低效的教师会如何应对？高效的教师又会如何应对？

● 一个学生在课堂上不断发出声响，这个声音越来越吵，并且影响到了班级里的其他学生。低效的教师会如何应对？高效的教师又会如何应对？

● 一个学生总是没有完成课后布置的家庭作业。对这个学生，低效的教师会如何应对？高效的教师又会如何应对？

● 一个学生总是随便讲话。教师在讲课的时候她讲话，同学们在做课堂练习的时候她讲话，午餐之前大家都应该安静等待的时候她也在讲话，在类似的其他场合她也经常随便讲话。面对这个情形，低效的教师会如何应对？高效的教师又会如何应对？

● 学校准备开展一个新的教学项目，大家都不清楚这个项目效果如何。为了顺利实施该项目，部分教师将被挑选出来进行培训，培训过程很可能十分艰苦。面对新项目的挑战，低效的教师会如何应对？高效的教师又会如何应对？

当你回答完这些问题时，你一定会明白：高效的教师一定是一个冷静、专业、细心的教师。你愿意做这样的教师吗？如果愿意，那么就拿出你的实际行动来吧！

实践

将你今天的感悟记录下来，这样可以让你意识到，自己之前的处理方式哪些是低效的手段，哪些是高效的手段。在这之后，你的教学技能将会变得更加丰富。

笔 记

第 11 课
认真规划课堂上的每一分钟

目标

假如你现在走进一位高效教师的课堂，毫无意外，你会看到学生一定正在忙着学习。这些学生虽然不一定整齐划一地干同样的事情，但他们手头一定有事做，而不会坐在课桌前发呆。

相对地，假如你现在走进一位低效教师的课堂，你可能会发现并不是所有的学生都分配了学习任务，总有那么几个学生坐在椅子上无所事事。他们或许在打瞌睡，或许在做些违反课堂纪律的事情。总之，他们不是老老实实地坐在座位上听讲，而是急不可耐地挨过上课时间。

显然，你已经知道，从上课铃到下课铃的整个课堂时段中，只有那些高效教师才能保持课堂不被琐事中断，并且保证学生能够集中注意力。在高效教师的课堂上，没有一分钟被浪费，没有学生无事可做。也正是因为这个原因，高效的教师很少遇到有关课堂纪律的问题。

那么，高效教师是如何让整个课堂从头到尾一直保持饱满的状态呢？他们仔细规划课堂上的每一分钟，以保证没有时间被浪费；他们仔细规划讲课过程，力求简明扼要（因为他们知道长时间维持学生的注意力是件很不容易的事。）他们为领先的学生着想，他们也为后进的学生着想。是的，教学是一件很费心思的事情，世界上不可能存在一种万能的教学方法，至少我还没听说过。

那些低效的教师在课堂上往往只是简单地给全体学生布置一项任务（而且很可能没有仔细考虑自己布置的任务是不是学生感兴趣的或是需要的），然后要求学生用二十分钟完成。同样，不用亲历现场你也能猜到，有些学生五分钟就能完成任务，而这段时间里还有些学生甚至都没有开始，总有些学生无法在二十分钟内完成任务。因此，这个二十分钟的规定会带来课堂纪律的问题。教师需要不断提醒学生集中注意力，但有的学生会抱怨自己还没听懂，而那些提前完成的学生则会感到无聊，并且着急地等着新任务。

课程

在这里，我想讲几点最关键的策略，以帮助教师在课堂上合理安排学生活动。今天，我们的主题简短、明确并易于实践。目标如下：(1) 帮助教师了解当学生没有事情可做时，会出现什么状况；(2) 给教师提供几个规划课堂的好方法。

首先，以这几个问题开始：

- 你是否曾经在给学生布置任务时，要求所有人在同样的时间里完成?
- 你是否曾注意到，布置任务时要求的时间越长，有些学生磨蹭的时间就越长?
- 你是否曾注意到，有些学生能够立刻着手行动，并且完成的速度也很快。
- 你是否曾注意到，有些学生再怎样努力，也无法在规定时间内完成任务。
- 你是否曾注意到，学生做练习的时候，往往也是最容易出现课堂纪律问题的时候。比如，有些学生会在完成自己的任务之后，询问接下来要做什么，有些学生没有专心完成课堂任务，而是做一些违纪动作，还有些学生不停地抱怨自己不明白要做什么。
- 你是否曾遇到过这种情形，离下课还有一点时间时，你对学生说："如果你们保持安静，我就不会再布置更多的任务了。"学生会有哪些反应?

● 你是否曾发现自己预先安排的内容已经讲完了，却还没到下课时间，于是决定给学生布置课堂任务来填补这段空白，此时学生有哪些反应?

以上这些问题，我们或多或少都曾经历过。我们也都知道，如果在课堂上学生没有事情可做的话，他们就会自己找事。而且往往学生自己找来的事都不会是什么好事。

教师在管理课堂时，遇到的很大一个问题就是时间管理。优秀的课堂管理者会努力避免在课堂上出现令学生感到无所事事的情形。从上课铃到下课铃的整个课堂时间里，他们会保证学生的注意力一直在学习上，从开始上课直到下课离开，都不会有人闲下来。

管好课堂时间的五点建议

1. 计划充分。教师要为课堂教学准备出足够的内容（要有意义的，而不是打发时间用的内容），每次上课时准备好的内容都应该比实现计划教授的内容多一些，以保证每堂课的内容都是充分的。

2. 教师一上课就应该立刻开始教学活动，直到下课学生离开教室才结束。

3. 事先准备一些简短、有趣的教学任务。如果需要在课堂上布置任务，比如需要耗时三十分钟的短文写作，可以把整体任务分解成几个更小的部分，并且带领学生一步一步完成每个部分。记住，这种简短、有趣的任务要比一次需要耗费很长时间的任务更能吸引学生的注意力。

4. 每次在课堂上给学生布置任务时，要事先想好如何应对那些很快就完成任务的学生。同时，要注意提醒那些动作缓慢，迟迟没有动手的学生。

5. 做好准备。备课时就要准备好课堂材料。这样，在讲课的时候，才能顺利地从一个主题过渡到下一个主题，不会因冷场而出现空闲时间。

实践

现在，请按照上述五点建议，在自己的课堂中进行演练。记录下自己的进展，并及时完善自己的课堂管理技巧。

笔 记

第12课 像最好的演员一样教学

目标

你可以到校园里随机找一个学生问他："你觉得你的老师热爱教学吗？"学生会给出怎么的答案呢？我们可以认真地想一想，学校的教学队伍里哪些教师特别热爱自己这份工作？哪些教师只是偶尔对工作表现出激情？还有哪些教师看起来只是在当一天和尚撞一天钟，应付差事？

要想成为一名好教师，首先就要成为一名演员。所有真正的专业人士都应该是演员，因为没有人能够一直保持热情。任何教师都不应该表现得对教学没有热情。这里的关键词是“表现”。我们的确不可能随时保持旺盛的热情，但我们需要表现得如此。

那么，究竟怎样才能表现出热情呢？

课程

设想一下，假如你现在的身份是百老汇的演员，每晚都有演出。你能不能以周五为借口在表演的时候偷懒呢？显然不能，因为每一次演出都和前一次以及后一次演出一样重要。你不能说自己周四一整天过得不顺心，于是周四晚上的表演就不上心了。要知道，观众就是来看你表演的，他们并不知道你的心情不好，也不会关心你的心情。

作为一名教师，如果你希望在课堂上成功地教学授课，你就需要成为出色的演员。然而，很多教师很容易忘记这一点。

当然，这并不是说我们教育工作者需要成为超人。但我们作为教师，绝对不能表现出对学生冷漠、不负责任的态度。

当你的学生被人问及他的老师是不是对教学充满激情时，你认为他们会怎么回答呢？如果你不确定所有学生都会毫不迟疑地给出肯定答案，那就说明你的演技还需要打磨。

以下几个技巧将帮助你有效地保持教学激情。

● 每次上课做开场白时，都告诉学生自己非常高兴能够向他们讲授今天的课程内容。

● 经常和学生聊起自己是多么热爱教学。

● 每次上课时，都表现出今天教授的内容是自己在教学生涯中最热爱的部分。

● 如果有时实在感觉不到激情，那就假装一下。

● 经常使用类似的短语，比如："瞧瞧我们今天要做些什么"、"我都快等不及要开始教授今天的课程啦"、"这部分内容有意思极了"等等。

当我们给学生上课时，我们表现出来的热情会传递到学生的身上，成为他们本身的热情。如果你缺乏热情，那么学生也会缺乏热情。因此，在课堂教学时，我们需要每天尽可能地表现得热情（不只是在课堂中，在校园里也一样）。

实践

这次的实践任务是回到教室后不断磨练提高自己的"演技"。希望你能表现得十分热爱自己所教授的知识；希望你站上讲台时就像演员一样，每天都能奉献出自己最完美的表演；希望你无论何时都能在课堂里表现出无比的热情。

笔 记

第13课 像伟大的教练一样授课

目标

你见过优秀的教练是怎样工作的吗？他们的课程计划总是在不断进行修订，他们永远不会重复使用同样的训练方式，因为学员的素质年年不同，必须因材施教。伟大的教练，能够让每一个运动员认识到自己的优势和劣势，但他不会死盯着劣势不放，而是制订有针对性的训练计划，帮助运动员克服自己的不足。教练更多地是将精力集中在运动员的优势上。伟大的教练，永远不知疲倦，为了激发出每个运动员自身最大的潜力，他的工作强度远远超过常人。伟大的教练，不断用充满激情的演讲激励运动员，他知道这些都是日常训练中所必须的。他知道对于不同层次的运动员应该采用不同的训练方式，因此，没有所谓的可以适合所有人的“万能”训练法。

伟大的教练从不停歇：和运动员在一起的时候，他会一直在运动员的队伍中，无时无刻不在示范、鼓励、指导和提醒。伟大的教练永远不会安静地坐在办公桌前。他或许有一间办公室、有一张办公桌，但他只有不和运动员在一起的时候才会用到这些。比赛那天，他会在场外前后踱步，认真观察运动员做出的每一个动作。他不能代替运动员们上场，但他们已经在他的指导下经过了艰苦的训练，现在正是展示实力的时候。他的目光一直停留在他们身上，他不断鼓舞和指导他们。如果场上形势不对，他会果断叫停，及时给队员们进行现场指导。

看到这里，你明白我讲这些的用意了吗？伟大的教练就是伟大的教师，同样，伟大的教师也是伟大的教练。他们教授的内容和施展才华的舞台或许不同，但教学和训练的过程却极其相似。你是伟大的教练吗？

课程

在今天开始前，我先提一个问题：你看过足球赛吗？

接下来，请阅读下面这些问题，并找到训练和教学之间的相似之处：

- 伟大的教练有自己的课程计划吗？（有。）他们怎么称呼自己的课程计划？（训练计划。）
- 同样的训练计划会一年一年不断重复使用吗？（不会。同样的训练计划很可能不适合下一批队员。但教练依然会保留那些适用的部分。）
- 伟大的教练会按照既定的训练常规指导队员吗？（会。教练在整个赛季里的每一天都会按照既定的常规一遍遍训练自己的队员。）
- 训练时，伟大的教练会做些什么？（教学、巡视、分组练习、单独练习、指导、更正错误动作和鼓励队员等。）
- 教练手下队员的个人水平和自身能力都是一样的吗？（不是。）
- 如果教练手下的某个队员遇到了困难，这位教练会怎么做？（他会花时间指导那位队员，以帮助队员改进和提高。）
- 教练手下的队员对自己的优势和劣势有清晰的认识吗？（有。）

● 在训练或比赛中，教练会坐在场地外的办公桌前吗？（不会。）

● 教练的办公桌在哪儿？他什么时候会用到它？（在他的办公室，教练只有不和队员在一起的时候，才会用到他的办公桌，做一些类似制订训练计划的文字工作。）

● 伟大的教练在工作时充满激情吗？（是的。）

● 伟大的教练会给队员讲话吗？（是的。）他讲话的目的是什么？他通常会在什么时候讲话？（教练讲话的目的是激励队员，让他们以更饱满的精神投入到训练中，以应对比赛。这些讲话一般在训练开始前、训练进行中、比赛之前、比赛之中进行。有时，训练结束后或是比赛之后，教练也会讲话。）

● 伟大的教练更关注队员自身的优势还是劣势？（优势。）

● 在比赛的时候，事情会不会完全按照教练事先预想的样子发生。（不会。）

● 比赛中出现意外情况时，教练会怎么做？（教练会叫暂停，然后在现场及时给队员进行指导，或者调整战术，或者通过简短的讲话激励队员。）

● 伟大的教练是否会经常表达对自己队员的信任？（是的。）

实践

事实上，抛开教学内容和平台的不同，伟大的教练和伟大的教师之间的差异非常小，优秀的训练就是优秀的教学，反之亦然。

当你回到课堂中时，一定要尽可能地按照伟大教练的标准来要求自己，用激情洋溢的演讲鼓励学生，充满激情地“训练”学生，只有这样，你才能提高自己的教学水平。

笔 记

第14课 掌控你的课堂

目标

如果你现在走进教室问学生这样一个问题："你的老师平时一般都站在哪儿？" 他们能回答出来吗？是不是有些班级的学生，他们可以精确地指出自己的老师平时所在的位置？回想一下，每次参加会议时，你是不是都习惯坐在同样的地方呢？也许你喜欢坐在后排靠近过道的位置；也许你喜欢坐在房间里靠近正中的位置；也许你喜欢坐在前排。不可否认，大多数人总喜欢房间里某个特定的位置。

人们总喜欢在自己的舒适区域呆着，因为大家按自己的习惯行事时会觉得自在。如果一个人仅仅是喜欢在出席会议时选择房间里的特定位置，这当然没错。但如果作为教师，却总是习惯站在教室里某个特定的地点，这就有问题了。这种情况下，距离教师较远的地方，往往更容易出现课堂纪律问题。多数教师只能照顾到离自己不远的学生。为什么会有很多学生喜欢后排的座位呢？正是因为他们觉得，自己距离教师越远，就越可以肆无忌惮。

事实上，如果你询问一个学生，他的老师通常会站在哪里，他或许答不上来。我们也经常听到教师说："每当我四处走动时，我的学生都会变得很紧张。他们不喜欢我靠得太近。"凡是这么说的教师往往不喜欢离开自己的舒适区域，因此一旦他开始在教室里四处走动，学生就会感到不适应甚至变得很紧张。

课程

借此机会，我准备和你分享一个自己观察得出的结果。我发现在教师大会上，总会发现有教师习惯坐在同一把椅子上。

为什么有些人总是喜欢呆在同样的地方呢？仔细想想，如果问你班级里的学生自己的老师平时都站在哪里，学生能一下就指出来吗？

事实上，在高效教师的课堂里，没人能确定这位老师接下来会走到什么位置。而且，学生也习惯了自己的老师在教室内不停地走动，他们都见怪不怪了，但是教师并不是漫无目的地随意走动，每次巡视他都会有特定的目的，只不过教师走动的十分频繁且经过了深思熟虑，因此学生猜测不到下一秒自己的老师会往哪里走。比如，正在进行课堂讨论时，老师发现安德鲁走神了。她没有瞪他，没有口头警告他，也没有让他感到难堪，而是轻轻走到他身边停下。这一举动会使安德鲁立刻回过神来，开始参与到课堂讨论中。安德鲁心里清楚，老师可能已经发现自己刚才心不在焉了，不管你是不是真的注意到安德鲁走神了，最重要的是安德鲁的心思回到课堂上来了。

在这里，我举一个不那么高效的老师的例子，作为对比。面对同样的情形，当这位老师发现安德鲁走神时，很可能第一反应是警告他集中注意力。如果安德鲁没有立刻乖乖坐好，这位老师也许会向前探出身体继续警告。这是一种带有威胁的肢体动作，安德鲁会因为老师如此针对自己而感到不安。于是，安德鲁很可能因此而记恨老师。

实践

在接下来的几天时间里，请特别留意自己在课堂上的表现。请离开你已经习惯的舒适区域，你越有意识地锻炼自己，就越能提高自己的技能，也就越能高效地掌控课堂。

我们的老师无处不在

老师在教室里四处走动，

她无处不在。

下一步会去哪儿？我不知道。

她在这儿、在那儿，无处不在，

她一刻不停地四处走动。

闭上眼睛，你不知道睁眼后她会在哪儿。

她在帮助我、帮助你，帮助我们所有人。

她在这儿、在那儿，

我们的老师无处不在。

笔 记

第 15 课

每堂课都要有意义

目标

优秀教师常说，如果所讲的课程对学生意义重大，他们自然会乐于参与其中，并且对课本内容和所学的技能表现出极大的兴趣。如果你在课堂上将知识和学生的日常生活紧密联系起来，就能提高学生的学习效率，让他们更有可能获得成功。在教育领域，大家都认为能够将书本知识和学生生活体验相结合的教育方式十分重要，而且大家也都认为这很有效。但是，为什么大家在教学实践中就很难做到呢?

要知道，很多教师使用的教学方式正是自己当年作为学生接受到的方式。这直接取决于当年他的老师水平如何。很多教师使用的教学方式在现在看来，算不上高效，但有些教师并不知道其他的教学方法，所以只能沿用自己老师的那套老办法进行教学。还有一些教师虽然知道有更高效的教学手段，只是不愿意舍弃自己已经熟悉的教学方法。今天，你要接受新的挑战，重新思考教学方式，让自己在课堂上变得比之前更加高效。

课程

请思考以下几点：

- 你所教授的课程对学生来说有意义吗？
- 你自己本人喜欢学习那些对自己毫无意义的东西吗？比如说，你开始教学还不满一年，某天得知在放学后有一个有关教师退休政策的会议，你会想参加吗？不想？如果告诉你这个会议的主讲人十分优秀呢？依然不感兴趣？理论上，这个会议的内容对你三十年之后的生活也许会有帮助。但是，就当下的情况来看，你是不是对自己一年以后的规划都不是十分清楚呢？所以说，你并不想参加这个会议。

● 我们之中的每个人都更偏向于把心思花费在更能影响自己切身利益的事情上，你同意这个说法吗？

● 你曾经做过哪些努力，来让自己的教学活动显得对学生有意义？

在下面的教学活动中，你觉得哪种教学方式对学生来说更有意义：

教学活动一：

A. 在课堂上，让学生在给定的句子里用下划线标记出其中的名词。

B. 在课堂上，让学生自由造句，但不许在句子中出现名词。

教学活动二：

A. 在课堂上，教师给学生讲解牛顿运动定律。

B. 在课堂上，教师带领学生，通过观察足球赛、电子游戏来总结物体的运动规律。

教学活动三：

A. 在课堂上，讲到一个历史人物时，先让学生记笔记，然后测验和这个人物相关的知识。

B. 带领学生研究历史人物，并和自己现在的生活进行对比，设想如果这个历史人物生活在现代他会是怎样的。最后，让学生谈谈这个历史人物在历史上的作为对我们现在的生活产生了哪些影响。

教学活动四：

A. 在课堂上，通过扔骰子给学生讲解概率论。

B. 在课堂上，让学生利用概率论（和天气有关的）来规划哪几个月的哪几周适合班级出游。

现在，请写出四到五条你在当前教学中的实际经验。

1. ______________________________

2. ______________________________

3. ______________________________

4. ______________________________

5. ______________________________

实践

写出五条你曾在课堂中使用过的教学方法，并努力将其改进得更加有意义。之后，将这五条教学法放到网上和全体教师一起分享。

笔 记

第16课

令教学充满乐趣的50个方法

目标

在上一课中，我们讨论了课堂教学要有意义的重要性。今天，我们将把精力集中在如何令教学有意义并且充满乐趣！一个人不管年龄大小，只有全身心投入到学习过程中，看到学习的意义，才能收获最好的学习效果，并且切身体会到学习新知识的乐趣。事实证明，如果你能享受这个过程，你就会非常投入地去做这件事。如果你在这件事上找不到乐趣，你就不会去做它。

在教学中，任何内容都可能被讲得十分无聊。但同样，任何内容也可以被讲得十分有趣。假如你自己是学生，你会选择无聊还是有趣呢？我们知道有很多教师十分渴望提高自己的教学水平，让自己的课程变得有趣，但却不知道如何着手去做。他们知道，那种“照本宣科、题海战术”的老方法在学生看来是极其无聊的，而且这种老方法的效率也很低，但很多教师并不知道别的教学方法，正如上面所说的，他们只是延续着自己当学生时所受到的教育方式。

你是否也遇到了职业上的瓶颈，感觉自己缺乏让学生从课堂上获得乐趣的技巧。那么，今天的课程，将让你焕然一新。相信我们，只要你努力，你的课堂就会充满乐趣。

课程

今天，我们已经明白了在课堂上让学生体会到乐趣的重要性。现在，我将分享几个例子，希望能够给你一些启发，让你的教学活动更加充满乐趣。

令教学充满乐趣的方法

- 将历史人物和学生熟悉的人物进行对比。
- 在课堂上播放视频短片。

- 在课堂上带领学生进行角色扮演。
- 将课程内容编成歌曲，或是鼓励学生自己将内容改编成歌曲。
- 在课堂上进行朗诵。
- 让学生在线浏览相关内容。
- 让学生在假期里自由活动，回到课堂时每个人提交一份假期报告。
- 在校园里进行主题考察。
- 以寻宝活动的形式锻炼学生快速解决问题的能力。
- 以游戏的形式教授课程知识。
- 让学生登上讲台。
- 就课程内容进行学科竞赛。
- 鼓励学生自己制作视频短片。
- 现场进行演示实验。
- 学生之间开展访谈活动。
- 邀请邻近社区的成员来到课堂上进行客座演讲。
- 善于利用高科技设备进行演示。
- 通过互联网和其他国家的学生进行交流。

以上是一些较为宽泛的建议，你还可以和自己的同事交流一些从自己的实际经验中总结出来的更特别、更实用的建议。比如，曾经有位教师和我分享了自己教授语法的经验，她在课堂上让学生闭上眼睛，然后自己开始朗读。在朗读过程中，每次她犯下一个语法错误（这些错误是她故意犯的，目的是为了让学生挑错，从而对学习知识产生更深刻的印象），学生就可以举手示意。

你可以列出自己的教学方法清单，还可以带头在学校中推广这个方法。组织每个教师完成五种教学方法的列表，这样大家就可以互通有无。这样，就能让所有教师集思广益，将自己的实际情况和学习到的经验有效结合，让每一位教师的教学都充满乐趣。为了让孩子们都能积极参与到课堂学习当中，这些努力是完全值得我们付出的。

实践

请按照上述的思路设计一份新的教学策略，并在接下来的一周时间里将其运用到实际的课堂教学中。为了更好地改进课堂教学质量，促进学生更好地进行学习，你必须这样做。此外，要记得和同事分享你的成功经验，相信我，只要每个老师至少尝试一种让教学更有趣的方法，学校的整体教学水平就会上一个台阶。

笔 记

PART 3

Improving School Climate

改善教学氛围

第17课

如何赢得学生家长的支持

目标

我们总是不断听到这样的抱怨："这些父母就是不上心。学生越大，他们的父母越是不管学习。"这确实是学校教师经常遇到的问题，当然体育活动除外。很多父母都会赶来观看自己小孩参加的比赛，还会带上祖父母，孩子的弟弟妹妹，有的人甚至把邻居都叫来了。不如就顺着这个思路，引导父母像对待运动会那样，对学校的家长会产生热情。

今天，我将告诉你如何改变父母对学校家长会的态度。这已经在很多学校起到了很好的功效，这种立竿见影的效果通常连教师自己也意想不到。

课程

今天，我想先讲一个真实的故事：

有一所高中正在筹办今年的学校家长会，在教师大会上，教师们都在抱怨，说这是浪费时间，因为根本不会有多少家长来参加。而且，他们还说，那些出席的家长也并不会真正重视这次家长会。

校长建议，今年在邀请时要做出一些改变。以前，每位家长都会收到一封一模一样的邀请函，但是出席率却很低。校长说道：“今年，每一个教师都要亲自给每一位学生家长打电话，口头邀请他们出席。”教师们对这个方法的效果表示怀疑，但都按照校长的安排去做了。校长准备了一份提纲，告诉教师按照提纲上写的话来和父母交流。如果没人接听，那么也不用反复致电，只需要给家长留言，充满热情地邀请他们出席。顺便提及在家长会那天准备的小礼品和丰盛宴会。

结果呢？那年的学校家长会接待的家长人数远超预期，甚至都没准备出足够的椅子。而且家长会当天的效果非常好，老师们热情地和家长们交流这一学年学生的学习成长经历，并积极地宣传了学校的特色，家长们就像参加了一次盛大的宴会。每个人离开时都很开心、很自豪，都觉得学校的老师和领导十分重视自己。大家也开心地享用了学校准备的食物。那些没有出席的家长从其他人那里得知今年的家长会盛况后都懊悔不已。当年的学校家长会一度成为当地的话题！

优秀的教师一定会想方设法让家长们感到自己很受学校的欢迎，并且让家长认可学校。如果家长会上进行的每项活动都能给家长留下很深的印象，如果这个印象又是积极的，那么家长接下来很可能会以更加积极的心态参与到学生的教育当中来，这样也会大大地减轻教师的工作负担。

为什么很多家长不愿意出席学校的家长会呢？也许是出于以下几点原因：

- 家长会耗时太久。
- 个别教师让家长感到不舒服。
- 教师们在当天谈论太多家长不理解的教学内容。
- 没有准备小礼品或是宴会来吸引家长参加（大家都喜欢礼品和食物！）
- 家长会的流程很无聊。

如果你想加强与学生家长的联系，你可以像刚才那个故事里描述的一样，亲自给班级里的学生家长打电话，亲自写邀请函，邀请他们出席。

家长会邀请函

你好：

我是____________（教师名字），____________（学生名字）的班主任。很高兴今年能成为____________（学生名字）的任课教师，借此机会，我邀请您于____________（日期）参加我们的家长会。这次的活动安排十分有意思，而且现场还会派发小礼品。我在此以我个人的名义邀请您出席，希望能在家长会上见到您。

实践

从现在开始，筹划一场全新的家长会。记得要准备小礼品和食物，让家长们感到自己很受欢迎。在教室门口安排人手负责问候、引导家长进入座位。同时，要精减家长会的流程，不能拖沓耗时。要确保每位家长离开时都对学校和教师充满信心，知道他们的孩子在接下来的学年里，会受到一群热情、经验丰富的专业人士的照顾。

尝试举办这样一次家长会完全不用顾虑太多，无论如何它不会带来消极的影响，只会受到家长们的欢迎和支持。正如前文所说，只要吸引了家长出席，投入的时间和精力就不会白费。那些没有出席的家长也会从其他渠道得知这次盛大活动，他们同样会对学校留下积极的印象，并且对学校以后的教学工作充满信心。

笔 记

第18课 每天问候学生

目标

每当你登上飞机、进入餐馆或是来到超市时，为什么都会有人热情地欢迎你？很显然，心情愉快的顾客会觉得自己的花费物有所值，这样商家才可能吸引到更多的回头客。

让学生感到老师每天见到他们都很开心，这是非常重要的，这也是今天课程的目的。如果校园里的教职工能让学生在校园里感到自己很重要、很受欢迎，那么，整个学校的氛围就会出现立竿见影的改观。行动上出现的改变必然会影响最终的教学结果。这听起来很简单，但目前为止还没有发现哪所学校能做到这点。

课程

在你上课之前，亲自站在教室门口以热情的笑脸欢迎每一位学生，一定要让每一位学生都感受到你愉悦的心情，让他们感到自己很受欢迎。等他们进来后，要感谢他们能够来到你的教室。如果这不是你平时的行事风格，那么你一定会从学生的脸上看到惊讶的表情。

他们的这种惊讶以及其他的反应会令你这堂课的教学效果更好。

首先，我们来分析一下一个微笑究竟能导致多大的改变。微笑，可以让你的学生知道你在欢迎他们来到教室，这让他们感到自己很受欢迎，并且不可或缺。即使是那些最不敏感的学生也会被教师的笑容打动。每天都以笑容迎接学生的教师，就相当于在说："很高兴在这里见到你，很高兴能成为你的老师，这里是个安全、友好的地方。"

现在，你应该明白，为什么大型超市会安排专门的迎宾小姐，来欢迎每一位顾客，为什么那些优秀的商家能够让每一位顾客都体会到宾至如归的感受。这是因为感受到商家热情的人会不自觉地购买更多的商品。

其实，对待学生也应如此。对学校来说，学生就是我们的顾客。

我们“提供”给他们知识，同样“提供”他们对知识的渴求。如果学生在学校感到自己受到欢迎，就更有可能“接受”我们所提供给他们的知识。

当然，单纯地站在教室门口等着学生到来并不都能算是“欢迎”。特别是，如果看到学生就说：“赶快赶快，上课铃就要响了，进教室准备开始上课了。”这可不是问候，在学生听起来，这些话就像是在说：“欢迎来到这为你准备的受苦受难的教室。”

那么，什么才是切实有效的问候呢？如何面带笑容地站在门口欢迎学生呢？以下几种开场白也许可以派上用场：

- “嗨，今天感觉如何？”
- “很高兴看到你！”
- “谢谢来到教室。”
- “我已经等不及要和你一起开始今天的学习任务了。”
- “吉姆，很高兴又见到你了，昨天我就一直在挂念你。”
- “我喜欢你的新发型。”

其实，问候学生的关键，在于发自心底地表现出你十分希望见到他们，以及和他们分开后十分想念他们的心情。如果你能成功地让学生体会到你这种心情，你会发现学生的行为会有立竿见影的改观，同时你会发现他们比以前更加喜欢参与到课堂活动当中。你表现得越热情——哪怕你自己都感觉到有些过火——你的学生就会越高兴。

实践

现在是做出改变的时候了。在接下来的一周，你每天都要在校园里向遇到的学生致以问候。在上课前和下课后，也要向学生致以同样热情的问候。不仅如此，你还要和同事一起分享问候学生的经验和心得。

记得用几分钟记录下你在问候学生时学生的回应，以此鼓励自己继续坚持每天满怀热情地问候学生。用一种简单的方式来表达自己内心对他们的重视，让他们知道，你很高兴见到他们，很乐意为他们上课，并且希望再次见到他们，这的确是一种简单、有效、快速改变学生行为的方法。

如果学生每天到来和离开时都很开心，
你会发现他们表现得更好，学习得更好。

笔 记

第19课 做一个善意的提醒者

目标

下面是一个司空见惯的画面：教师参加完教学培训后，总会非常激动，并且跃跃欲试地想把新学到的教学思路和教学技能运用到自己的课堂中。但是，他们平时的教学工作十分繁重，一直没能找出时间来尝试新的教学方法。日子一天天过去，最开始令他们感到兴奋的新点子和新方法在他们脑海中的印象也越来越模糊。作为教育工作者，我们很容易确定明确的目标，但是后续跟踪的能力却稍显不足。如果不能把所学的教学技能灵活运用到自己的课堂中，那么再完美的培训课程对教师来说也没有意义。

如果你是一名教育管理者，你应该知道仅仅通过培训给教师们灌输教学方法是远远不够的，还必须鼓励教师跟进后续的步骤，才能更好地去实践新的教学技能。即使陷入了举步不前的瓶颈期，也要坚持实践那些新的教学法。

课程

今天，你可以稍微放松一下最近绷紧的神经，在前几课中，你已经学到了不少新东西。今天，我们先来回顾一下之前学过的技巧和方法：

- 每天在教室门口热情欢迎学生。
- 运用有效手段抓住学生的注意力。
- 对个别学生进行私下辅导。
- 认真规划课堂上的每一分钟。

你还可以自行添加更多的内容：

- ________________
- ________________
- ________________

- ________________
- ________________
- ________________
- ________________

如果你不能顺利在自己的课堂中运用所学的教学策略，那么请再花几分钟回顾一下之前课程所学的内容，继续努力。

记住，在运用所学的教学策略的过程中，一定要学会记录自己在实践中的成功经验和心得。如果你发现自己有进步，就算不是很多，也要和同事朋友分享这一好消息。

实践

在接下来的一周里，请记录和分享自己在这几周的教学感想，以及如何将所学知识运用到教学实践之中的心得体会。

笔 记

第 20 课
为学校感到骄傲

目标

你是否经常受到负面情绪的影响呢？我们曾花费多年时间学得一身解决问题的手艺，这是一种宝贵的本领。比如，作为一名教育工作者，我们总是着眼于那些做错了的题目上，并试图将其改正。但是，并不是所有的事情都有问题。很多时候我们沉浸在“解决问题”的思维定势里，而忘了世界原本是怎么运转的。这种思维模式是一种看起来轻松却颇具诱惑力的陷阱。千万要小心！

作为一名教育者，你的工作内容里免不了有“改正问题”的部分。但不要忘了还有更重要的部分，那就是寻找那些行之有效的教学方法，让学生受益。对一名教师来说，列举学生的缺点要比列举其优点容易得多。同样，列举出学校的不足要比列举出学校的优势要简单。

请在下面的空白处列出学校所具有的十条令人感到骄傲的事例——可以从教师、学生、课程设计、成功经验、历史成就等任何你所能想到的方面。

1. ______________________________

2. ______________________________

3. ______________________________

4. ______________________________

5. ______________________________

6. ______________________________

7. ______________________________

8. ______________________________

9. ______________________________

10. ______________________________

看着你列出来的这些条目，是不是很为这所学校感到自豪呢？

你当然还可以列举更多，不过相信你现在已经理解我所要表达的意思了。我希望你能够换一种积极的眼光来看待学校。

其实，如果你多留意一下，就会发现学校有很多并不注重宣传的优势。如果一所学校能在校园里设置一个列举学校优势的宣传栏，营造一种积极的氛围，展示出在这里工作的教职工积极向上的心态，这无疑是一种对外界宣传学校的好方法。良好的校园氛围，能够提高学生的创造性，约束不良行为，帮助他们获得更好的成绩。良好的校园氛围，同样可以促进教师教学的积极性。因此，让我们从现在开始，为营造一个充满积极氛围的校园而努力。

课程

首先，请仔细思考以下几点：

● 教师的职业决定了教师的思维会专注于各种“问题”——学生纪律问题、学业问题、能力问题等等。

● 发现问题的技能很重要，这也是最终解决问题的第一步。

● 我们都是普通人，有时难免会过于关注问题本身，而忽略了大局。

● 你越把精力放在好的方面，你就越能发现更多的让你惊喜的事情。

今天，我们的目标就是把精力集中到学校的优势和长处上。和大多数人一样，我总是为自己的学校感到骄傲，我总是希望自己的所作所为能够改变学生的命运。因此，我希望你也能热爱你的学校和你的教学环境。

现在，请找出二十五条你为学校感到骄傲的理由，你可以遵循下面的思路：

- 我们尊重每一名学生。
- 我们尽自己最大的努力来满足不同学生的需求。
- 我们拥有一个积极进取的团队。
- 在他人眼里，我们是________。
- 我们的教师为了学生的成功，不知疲倦地工作。
- 我们都为今年年度教师________的成就感到骄傲。
- 我们在校园里能遇到最优秀的学生。
- 我们的乐队赢得了________大奖。
- 我们的足球队获得了________的好成绩。
- 我们的________社团取得了________的佳绩。

请在下面的横线上写下你为学校感到骄傲的二十五个原因：

1. ____

2. ____

3. ______________________________

4. ______________________________

5. ______________________________

6. ______________________________

7. ______________________________

8. ______________________________

9. ______________________________

10. ______________________________

11. ______________________________

12. ______________________________

13. ______________________________

14. ______________________________

15. ______________________________

16. ______________________________

17. ______________________________

18. ______________________________

19. ______________________________

20. ______________________________

21. ______________________________

22. ______________________________

23. ______________________________

24. ______________________________

25. ______________________________

如果你将这些值得你骄傲的二十五个原因公布在教室里，那么你就会营造一个更加积极向上的校园氛围，让每一个来到教室的人都能体会到这所学校的优势和长处，并且让学生每天都能为自己的学校感到骄傲。

实践

将你整理好的为学校感到骄傲的二十五个原因的文档张贴在教室最显眼的地方，确保来访的客人一进入教室就能看到。如果你愿意的话，还可以让学生也写下他们为学校感到骄傲的原因。

笔 记

第21课
赞美学生

目标

在教育界，有各种各样的纪念日来表彰那些在教育岗位上辛勤工作的人。我们有校庆日、教师节等纪念日，它们都是为了那些围绕在学生周围的人准备的。但是，你听说过抽出时间来专门为学生庆祝的学校吗？实践证明，仅仅是很简单的表彰活动就能带来教学上很明显的改善。

人类天生需要别人的赞美。当人们感受到别人的赞美时，就会不遗余力地表现出自己的潜能，会更努力地工作，并表现得更加出色。如果仅仅是这么一个简单的方式就能促使学生更努力、更守规则、并追求更杰出的表现，这难道不是一件很好的事情吗？这一简单的方法就是：赞美学生。也许此时，你在想："我们一直都在不遗余力地赞美学生啊。"这很好，要继续保持。但除了现在所做的这些，在这个学年可以尝试开展一次类似"学生周"的专门活动。

课程

如果你打算在本学年抽出一周时间来开展"学生周"，目的就是为了表彰和赞美学生，那么你就要在"学生周"期间举办多项活动来表彰学生。下面列举了一些在活动中可能用到的要点：

- 划分出一块特定的区域，设置一个标记牌，以代表这个区域是老师为学生提供服务的地方。
- 在教室里，每个学生都有机会轮流坐在老师的座位上。
- 免费带领学生观看体育比赛。
- 让学生通过画画换取披萨。
- 这一周不留家庭作业。
- 课间休息延长五分钟。
- 在教室里布置赞美学生的标志。

- 告诉学生，你对他们心怀感激。
- 给每位学生的家长写信，向他们表达对其子女的赞美之情。
- 你也可以在班级里通过画画换取披萨。
- 记得给学生写感谢卡。
- 在这周里的每一天，要以赞美学生的一两个优点作为每堂课的开场白。
- 建立一个学生论坛，让学生就如何改进班级这个主题畅所欲言。
- 制作写有“我爱学生”字样的徽章，并在学生周期间佩戴。
- 告诉学生你很欣赏他们。

在这里记下你想出来的其他可能会用到的点子：

____

____

____

实践

请全身心地投入到学生周的筹备工作中来吧，我相信你一定会呈现出最完美的工作，你可以在这段时间里赞美所有的学生，快乐地度过无比神奇的一周。

下面是一些关于在学生周里，我们如何在教室里布置标志和宣传语的建议：

我爱你们，你们是最棒的！

这周是你们的。

感谢你们来到这里。

告诉你们吧，这周你们说了算。

课堂属于学生。

我们爱学生。

我们的学生最优秀。

我非常关心你们，你们是世界上最好的学生。

在学生周里，你很可能会发现：

- 学生更守规则了。
- 调皮捣蛋的事情少了。
- 教师的抱怨少了。
- 管理层的抱怨也少了。
- 教师看起来更开心了。
- 学生看起来更开心了。
- 来自学生的感谢卡。
- 来自管理层的感谢卡。

笔 记

第22课 如何应对消极的同事

目标

不满意的玛丽

不满意的玛丽在我这里教书，

她总认为怨气冲冲让自己显得很酷，

她不停诅咒坏学生、坏家长、坏同事以及周围一切坏的东西。

她每天都在哼唱一首充满怨气的歌，

她有一小群追随者，

其他人却对她避之不及。

流言、蜚语，还有阵阵抱怨，

她向所有的倾听者诉说这些，

不要去找她，不要听这些，

做你自己，做一个乐观的教师。

你肯定熟悉这样的教师。在每个学科办公室里都有她的身影，什么事情她都看不惯。学生不好，家长不好，领导不好。平心而论，她也许是个好人，但就是性格太差，差到对学校里的其他人来说都是个大麻烦。

课程

也许有人截至目前还没有遇到过这种教师，但在教学生涯中，总有一天会碰到的。

请仔细想想以下几个问题：

- 你是否遇到过充满负面情绪的人？不要说出名字，在心里想想即可。
- 你在他周围时，会有什么感觉？
- 别人在他周围时，会有什么感觉？
- 你是否遇到过充满负面情绪的老师？

● 你和其他同事是怎么看待那个老师的？

● 你们是否曾经想要避开那个老师？

● 那位老师是不是让人感到害怕？

● 你觉得像玛丽那样的教师会对其他教师和学生造成怎样的影响呢？

显然，大家都对玛丽避之不及。更糟的是，有些老师还和她有过充满负面情绪的谈话。现在，我将给你介绍一个非常有效的方法，它可以帮助你消除玛丽这样的消极教师所造成的影响。

下面是几条行之有效的简单方法可以消除玛丽对你的影响。

● 如果再听到玛丽抱怨某个学生多么不好，你只要简单地回应："我挺喜欢那个学生的。"就算你没见过那个学生，也要说"我挺喜欢他的"。这样，玛丽就不好再说什么了，同时你也传达了一种非常积极的信号。

● 对于那些新入职的教师，玛丽就像一块磁铁。她总会喋喋不休地告诫那些新教师，说某某学生很难管教等等。如果你也是一名新教师，那么最好的回应方式就是对她说："非常感谢您告诉我这么多。不过，教育这些学生正是我希望做一名老师的原因。您特意来告诉我这么多有关他们的事情，一定占用了您不少宝贵的时间吧。有他们在我的班级里，我很高兴，他们一定特别需要像您我这样的老师。我会记住您的话的。"

● 如果玛丽再找你传闲话，你可以说："我挺喜欢聊天的，只不过现在实在是太忙了，今天就先这样吧，回头见。”然后径直走开即可。她会马上寻找下一个聊天的目标。如果大家都这么做的话，流言蜚语自然就没有生存空间了。

● 如果她开始喋喋不休地抱怨某个学生家长，你可以这么回应：“毕竟，不可能所有家长都能像我们想象的那样对待孩子，每次遇到这种人，我都很庆幸学生能在学校遇到像您我这样能给他们起到正面榜样作用的人。”

实践

请完成以下两项任务。

（1）如果再碰到玛丽这样的人，请用上面刚刚介绍的方法来应对。

（2）事实上，我们能够想到，如果我们那么对待玛丽，那她心里一定很不好过，首先，她会为那样的场面感到尴尬。其次，她也担心自己的负面言行被别人揭发。下次，她再想传播负面情绪的话就会十分小心自己的言行。

现在，玛丽不会再像之前那么嚣张了。而要做到这一切只需要我们今天短短的10分钟的学习。

笔 记

第23课
10分钟教室大变样

目标

大多数人都想置身于一个整洁优美的环境，但其中大部分人都需要得到有效的指导，才能获得想象中的环境。

我们的生活和工作空间能够向外界透露很多关于我们自身的信息。同样，走进一间教室，你也能立刻感知许多有关这个老师的信息。一个人的外在表现就像镜子一样反映出他内心的样子。

一个乱糟糟、不整洁的教室，从侧面反映了管理它的教师的性格和内心。而一个秩序井然、色彩搭配令人身心愉悦的教室，同样也会反映出教师的性格和内心。学生平时也会有意无意地从这些细微之处看出端倪。在此，我们并不深究每个人和他所处环境背后所蕴含的心理学意义。但我要说的是，每个学生都应该在一个整洁的、令人愉悦的教室环境里学习。

布置出一个优雅、舒适、轻松的教室环境并不需要花费太多金钱。这是个好消息，因为大多数教师并不是金钱上的富翁。有些教师的教室布置得十分优美，深受学生的欢迎。有些教师的教室一眼望去整整齐齐，但却给人一种冷冰冰、不友好的感觉。还有些教师把教室布置得花里胡哨，充分展现出了教师自己的个性，但是却不太适合学生学习。是不是每间教室都要同时兼顾教师和学生的需求呢？没错，这也正是我今天要帮助你达成的目标。无需多么深奥的设计，无需庞大的支出，也无需耗费大量时间，或许你需要丢掉一些陈年杂物，但它们早就该被清理了，不是吗？

课程

首先，请仔细思考下面几个问题：

- 你是否赞同人们周围的空间反映了他们的内心世界？
- 是不是每次你到别人家里，只要稍微环顾一下四周的陈设，就能了解很多关于这家主人的信息？

● 以你对自己学生的了解，你能准确描绘出他们房间的样子吗？

● 我们自己的教室向外界展示了一个怎样的自己呢？无论是作为老师还是作为一个普通人。

然后，请仔细做下面几道选择题：

1. 你认为学生喜欢什么样的教室环境？

a. 带有欢迎标示的

b. 不带欢迎标示的

2. 什么样的环境更适合学习？

a. 秩序井然的

b. 秩序混乱的

3. 什么样的环境能让学生找到归属感？

a. 展示学生作品的

b. 没有展示学生作品的

4. 什么样的环境能深受学生欢迎？

a. 充满色彩的

b. 缺乏色彩的

也许你之前并不了解这些，但是做过这几道“测试题”之后，你应该就会知道：布置教室时，应该井然有序、色彩丰富、展示学生的作品，让学生感到自己是教室的主人，是深受老师欢迎的。没错，我们布置教室时，应该坚持四个原则：

原则一：带有欢迎标志

原则二：遵循一定的秩序

原则三：展示出学生的作品

原则四：富于色彩

值得一提的是，我们并不应该为了追求秩序而把教室气氛弄得很僵硬。一间教室不需要挂出十几幅欢迎标语，只需要简单的一句“欢迎大家来到教室”就足够了。而且，如果条件允许的话，可以让学生亲自动手制作这个标语。同时，也不需要把学生的作品铺满墙壁，但每个学生都应有机会在教室里展示自己最满意的作品。这部分工作其实很容易完成，只需要一块展板，上面写上“学生作品展”，然后让每个学生选出自己想要展示给大家看的作品，贴上去就行了。给教室增添色彩的时候，你并不用买各色油漆来粉刷教室，几株植物可以给教室带来色彩，学生的美术作品可以给教室带来色彩，彩色的标语同样也可以给教室带来色彩。另外切记，并不是只有低年级的教室需要色彩。

实践

现在，我相信你对于学生需要一个什么样的教室环境已经有了很好的认识。接下来，我希望你的教室都按照这个原则布置。请记住，布置教室一定要满足这四点：（1）至少有一个欢迎标志；（2）秩序井然；（3）展示出学生作品；（4）富于色彩。

笔 记

第24课

巧妙利用教师休息室

目标

说到教师休息室，或许仅仅提到这个名字，就会令很多积极的教师不自觉地产生负面情绪。事实上，这些教师往往经常这样叮嘱新来的教师：“千万别去那个教室休息室！”这个说法倒也中肯，我们都曾给新人提过类似的建议。但现在是时候改变思路了。

现在，不要再对那些新教师说类似“远离教师休息室”的话了，我们要鼓励所有教师去那个地方，并且以积极向上的态度改变那里原有的消极氛围。这样，就能慢慢转变大家事先固化在心中的有关教师休息室的负面印象。

在我们的帮助下，许多学校的教师们成功地转变了对教师休息室的印象，他们把那里变成了一个舒适的地方，教师可以悠然自得地在休息室里放松，享受和优秀同事在一起的时光。这一切究竟是怎么做到的？其实很简单，我们鼓励教师们做到以下这几点：

- 不要再刻意避开教师休息室这个地方。
- 获得几个积极优秀的同事的支持，在日程允许的情况下，尽可能多地亲自来到教师休息室。
- 走进教师休息室的时候面带笑容。
- 离开教师休息室的时候面带笑容
- 在教师休息室里说学生的好话。
- 在教师休息室里说学校的好话。
- 在教师休息室里,无论谈论什么话题,都要表现出积极的态度,就算是和学校无关的事情也要做到这一点。

消极的人都喜欢寻找同伴，带有负面情绪的人出现的地方，往往会招来其他同样满是负面情绪的人。但好消息是，对拥有积极心态的人来说，这种聚集效应同样适用。而且，在整个校园里，一定是积极的教师更多。他们应该享有休息的时光，他们应该拥有一个放松心情的地方，可以悠闲地喝茶、喝咖啡，哪怕只是短短的五分钟休息时间。接下来，就让我们来实现这个目标吧。

课程

首先，请问问自己下面这个问题："如果要说在学校里有什么地方是新教师一定要避开不要去的，那个地方是________。"你一定知道这个地方是哪里。然后，继续问问自己："为什么在所有的学校里，新教师都会被告诫说要避开教师休息室呢？"在这里，我需要补充几个严肃的问题：

- 背后议论别人好吗？
- 如果我们总是负面评价学生，能够真正帮助到他们吗？
- 如果我们总是负面评价其他大人，能够真正帮助到他们吗？
- 我们选择这个职业不是为了帮助他人吗？
- 为什么总会有一些教师喜欢说学生和家长的坏话呢？

这些问题能够帮助你知道负面行为所带来的负面结果。当然这不仅仅是针对教师休息室这个地方，只不过那里往往成为传播负面消息的重灾区。

我知道，也许你身边没有那种在教师休息室乱传闲话的人。但我们仍然可以继续努力，为我们的教师休息室和整个校园创造一个更加积极向上的氛围。我们应该意识到，每个教师在来到休息室时，都可以和大家分享自己班级里发生的积极的事情，每个教师都肩负着将教师休息室转变成一个氛围良好的场所的责任。

实践

今天下课后，请勇敢地走进休息室，努力改变那里的气氛，你要和同事积极地分享班级里的好消息，并面带微笑地欢迎其他同事的到来。

为了让大家看到一个气氛良好的教师休息室究竟能带来多大的好处，你需要获得身边优秀教师的支持，你可以直接跟他们说，你希望转变教师休息室的氛围，现在需要他们的协助。即使他们只是偶尔面带笑容地出现在教师休息室，这都会给那里的气氛带来极大的改变。亲自到教师休息室去吧，记得面带笑容。

笔 记

第25课

和家长进行有效的沟通

目标

尽管家长们不一定能亲自到学校参与校园活动，但如果能让家长们慢慢和教师建立起一个良好有规律的沟通渠道，是否值得为此而努力呢？答案是肯定的。我们是否可以认为，如果家长能和老师建立起一种良好互信的关系，他们就更可能回应来自老师的拜访电话和学校的各种通知呢？答案也是肯定的。

今天，我将教会你如何在家长和教师之间建立一个有效的沟通渠道。

课程

作为一名教师，你是否认为在教学活动中家长的参与十分重要？是否希望和家长建立良好的沟通？是否希望在现行的基础上改进和家长们的关系？作为教育工作者，尽管我们不能强迫学生家长参与到教育工作中来，但我们依然可以通过几个简单的步骤与家长们建立起顺畅的沟通渠道。

和家长沟通的方式多种多样，在今天的课程中，你可以学到一种非常高效的沟通方法。这个方法十分简便易行，你很快就可以掌握。借助这个方法，你每天只需要花费不到一分钟的时间，就可以改善和学生家长之间的关系。

请仔细阅读下面这个例子：

亲爱的布鲁克斯夫人：

我由衷地为丹尼尔感到骄傲。在今天的课上，他十分用功，按时完成了所有的功课。在此，我非常高兴可以和您分享这个令人愉快的消息。

现在，我将为你提供一个空白便签，你只要填写有关信息就可以制作出完整版。而且，填写一份类似的交流便签最多只用一分钟。

亲爱的__________：

我为__________感到骄傲，因为______________________

____________________________________。

我非常高兴可以和您分享这个令人愉快的消息。

落款

当然，你可以使用上面提供的模板，也可以按照自己的格式来制作类似的便签。你可以在抬头上添加校名或图案设计。确定最终版本之后，你还可以分享给你的同事。这样，他们就不用额外费心设计格式，只需要花费一分钟填写正文内容即可。

记住，每天在课堂上你都至少发出一份便签与家长进行沟通。真正的书写工作也许只需要30秒，因为便签的格式都已经设计好，你只需要在空白处填写必要的正文。

当然，你并非每天只能发出一份便签，你可以为更多学生的家长发出这份便签。下面，举个例子：

假设你是一位老师，每天发出一份便签和家长进行沟通。今天，你打算告诉乔丹的母亲，乔丹在课堂上的表现非常出色。琳达也是你班上的学生，然而她的表现并不是很好。你已经尽力挖掘她的优点，希望能有机会给她的父母也写一个便签来表扬一下琳达，但一直没有找到合适的机会。不过，今天你突然发现她在课堂上自觉按要求进行课堂练习，而她平时做练习的时候都需要你反复督促才极不情愿地动手，但今天她的表现很好。这时你也可以写一封表扬琳达的便签给她的家长，不用顾虑之前已经给乔丹写过了。琳达应该得到属于她的那份赞赏，你完全可以告诉她的父母，你是多么为她感到骄傲。要知道，你每天发出的便签越多，就代表课堂上表现好的学生越多。

以下是一些可以经常出现在便签中的内容，你可以在便签中经常使用这些丰富而恰当的词汇：

- 在校表现良好
- 有明显的进步
- 达成了既定的学习目标
- 学习积极主动
- 养成了良好的学习习惯
- 积极参与组织活动
- 做好事
- 积极帮助同学
- 积极协助老师的工作
- 获得了很好的成绩
- 学习优异

你还可以在下面补充一些额外的内容：

- ______________________________

- ____________________
- ____________________

实践

请每天都要求自己至少发出一份便签。在每个学年中，你要保证和每个学生家长进行多次沟通。

这种方式能够帮助教师和家长建立起一个稳定长效的沟通机制，接受到很多积极信息的家长，能够更积极地配合教师的教育工作。如果家长平时听到有关学校的都是负面消息，那么他很可能会不自觉地抗拒学校的工作。

这种沟通方式的效果会随时间而增强。家长希望从教师那里收到积极的信息，这样他们不仅为自己的孩子感到骄傲，也同样为自己感到骄傲。同时，这种沟通方式还会在教师和学生家长之间建立起一个积极有效的沟通渠道，甚至还能增进家长和自己孩子之间的关系。这些便签也会让学生为自己感到骄傲（因此他们十分乐意将便签转交给父母）。最终，学生和教师之间的沟通也增强了，不仅如此，教师也会把更多的注意力放在学生的优点上。

一份小小的便签就能产生如此大的改变。你难道不想试试吗？

笔 记

PART 4

Learning from Others

提升教学水平

第26课 教师评测卡

目标

每隔数周或数月，学校里的学生都会收到一份评测卡。每个学生都害怕它，因为这个评测卡忠实记录了学生在学业、活动、操行等方面的表现。但是，学生有评价老师的机会吗？虽然通过已有的机制，每个老师都会接受几位学校巡视员的评测与打分，但有什么方式能比让你直接面对的“客户”——你的学生来评价自己的工作成果更有效呢？如果想要了解自己在课堂上的真正表现，问学生是最合适的。因此，你需要设计一份教师评测卡。

课程

在开始本节课前，请你先问自己下面几个问题：

- 你是否觉得自己还没有完全掌握教学的艺术？你是不是一直都在努力成为一名更好的教师呢？
- 你是否同意我们的“客户”就是我们的学生，他们正是我们作为教师的意义所在？
- 作为教师，是不是应该让学生有评价我们表现的机会？对此你有什么想法呢？

首先，我声明，我一直在和教师们讨论教师评测卡，我很高兴他们和我一样对这一评测机制十分感兴趣，我迫不及待地想将这种非正式的简单易行的评测方法分享给你。

也许你会感叹：“哦，不！如果再给自己增加评测指标的话，岂不是自己给自己添加麻烦吗！”请让我先仔细解释一下，这份教师测评卡只是一种从学生的反馈来评估教师表现的非正式的手段而已。它提供的信息可以非常有效地协助教师改善自己的教学。在接下来的篇幅里，我将仔细地向你介绍这份教师评测卡，不过首先需要说明两点，一是这个教师评测卡究竟是什么，二是它能做什么。

每次学生收到评估自己的评测卡时，你可以同时让他们填写一份教师评测卡，这虽然不是一份正式文件，但是你可以借助它得到来自学生的反馈。教师测评卡上不需要测评者留下自己的名字，因为若想知道学生内心的真实想法，最好进行匿名评价。下面列出了教师测评卡可以用上的一些简单问题：

我的老师关心我吗？

我的老师对我的所作所为负责吗？

我的老师有没有为了让课堂变得有趣而努力？

我的老师在我遇到困难的时候帮过我吗？

上课有意思吗？如果没意思，那么应该让老师怎么做才会有意思呢？

老师鼓励大家积极参与课堂活动吗？

我的老师尊重我吗？

我在班级里有成功的感觉吗？如果没有，老师应该怎么做来帮助我变得成功呢？

我的老师热爱教学吗？

我的老师是一个好榜样吗？

我最喜欢班级里的______________________________

我不喜欢班级里的______________________________

如果我能改变和班级有关的一件事，我会______________

现在，你对于教师评价卡应该有了一个初步的感性认识。你觉得它是不是很有用？学生一旦获得了评价你的机会，会出现下面几个立竿见影的效果：

- 这一机制会督促你更加在意自己的行为，因为你知道将来自己的一言一行都会被学生“打分”。
- 这一机制是一个通过学生反馈来评价教师的渠道。教师清楚地了解学生怎样评价自己十分重要。
- 这一机制增强了学生对于课堂的归属感。
- 这一机制会让学生意识到自己的意见很重要。
- 这一机制会让你更用心地行使自己的职责。

迄今，已有很多学校和教师通过使用教师评价卡取得了巨大的进步。不出预料，学生十分喜欢这种“打分”活动。在做这件事的时候，他们感觉到自己的价值和重要性，因为他们知道自己的意见能够切实影响到自己的老师。下面是一个老师的亲身经历：

我到学校第一天向学生做自我介绍的时候，我就告诉他们，在我的课堂上，除了老师给学生评分之外，学生同样有权利给老师评分。我说：“我也想得全A的好成绩，但我需要自己努力来证明自己是全A的水平。我会首先把评价标准告诉大家，这样，在接下来的日子里大家评价我的时候就有据可查了。而且，教师评价卡上不用写自己的名字，我希望听到大家诚实的声音。”

说完后，我把教师评测卡分发给每个学生，然后说：“比如这份测评卡上有一个问题，问的是：老师是否对学生的所作所为负责？如果我想在这个问题上得A，我就要对大家的行为负责。下面还有一个问题问的是：老师是否尊重学生？我向你们保证我会尊重班级的每一个学生。因此，即使哪个学生犯了错，我也会对他负责，而且保证尊重他。”我按照评测卡上的项目要求自己。从一开始学生就知道要为老师打分以及如何打分，这样，学生的反馈才会更加准确和客观。

每次学生拿到自己的评测卡时，我作为教师也会收到一份评测卡。我指定了一个学生帮我收集全班的卡片，等大家都匿名填写好教师评测卡之后，这名事先指定的学生就把每个学生填写的卡片收上来装进信封，然后送到我的办公桌上。我会仔细阅读每一份评测卡，同时认真记录。第二天，我会召开一次班会，让大家集体讨论评测结果。当然我没有时间讨论每份评测卡上的每一条建议，但我会总结出一些有代表性的意见。例如，如果有很多学生提议，希望多开展一些以小组为单位的学习活动，我会在班会上说：“有些学生提议多开展一些以小组为单位的教学活动，我也觉得这个主意很不错，以后我们就多进行一些小组活动。”我承认，教师评测卡给了我很大的帮助，它让我更好地了解学生，也让我变成了一名更好的教师。

实践

你可以号召所有人都参与到这个项目中来，各个层次的教师都可以包括在内，然后在此基础之上制作一套新的教师评测卡。

然后，你还可以指定一组教师，其中既要包括优秀的也要包括一些不那么优秀的教师，来负责在全校范围内征集教师评测卡的意见，并将这些意见分享给全校的教师。

笔 记

第27课 最好的建议来自学生

目标

如果你想让学生感到你在意他们的意见，那么接下来请你认认真真地倾听学生的想法和意见。让学生有机会告诉你，到目前为止在你的班级和课堂中究竟什么才是他们真正喜欢的，这将有助于学生知道你能广纳建议并且重视他们的意见。当然，这并不是说你必须允许他们做自己想做的一切事情。但是，不可否认，我们曾经得到的最好的建议确实来自我们的学生！

课程

你可以简单地要求你的学生说出他们喜欢做的5件事情，例如有些学生可能会说，他们喜欢学习小组或者你和他们一起玩过的某个游戏。同样重要的是，你还要让学生有机会告诉你，他们所不喜欢的事情，这些也许可以让你明白哪些事情能或者哪些事情不能激励学生实现自己的目标和理想。现在，假设一个学生说他不喜欢考试，我们当然不建议你停止考试！但是，通过学生的这个回答，你可能会发现这个学生正遭受着考试所带来的焦虑，而你可以及时地帮助他克服这种情绪。正如我们所说的，知道每一个学生不喜欢什么与知道他们喜欢什么是同样重要的。请你收集学生的回答后，将它们列成清单。

你需要花一些时间与学生讨论这些清单。请一定委婉地处理这些事情。例如，假设一个或多个学生对你说："我不喜欢每当我们想要和我们的朋友聊天时，我们却不能说话。"当你讨论这件事情时，你可以尝试着这样回答学生："我完全理解你想要和朋友聊天的心情，这是人的天性。但是我想，你应该等下课之后，因为你明白在课堂上不能随意和别人说话……"然后，继续和学生解释这么做主要是为了让大家更好地集中时间和精力学习。切记：不要被学生的喜恶甚至是你自己的喜恶所左右，一定要坚持原则。

这次行动能否取得成功的关键，就是在尊重学生意见的同时，灵活地和学生沟通，千万不能被学生所左右。如果有人说："我认为我们应该玩更多的游戏。"你可以这样回答："你说得非常对！这说明你已经注意到，当我们参与积极的学习游戏时，我们所有的人都会学得比之前更好。所以，我会采纳你的建议，在我的教学过程中增加更多的学习游戏。谢谢你给我的建议，我会认真思考的。当然，我也希望你们意识到，如果在课堂上沉迷于游戏，对学习是非常不利的。"

实践

请在你的课堂上认真倾听学生的意见和建议，并详细记录下来，然后根据学生的意见和建议调整自己的教学工作！通过采取这样的策略，你让学生更积极地参与到班级的管理中，为班级贡献了自己的一份力量和智慧。

如果你能够积极采取这样的策略，你的课堂就会变得积极而活跃，学生也会表现得更加出色！

笔 记

第28课

在同事中找一个“学习好朋友”

目标

作为老师，我们常常感到彼此“孤立”。我们总是把时间都花在自己的学生身上，这往往导致了我们没有太多的时间和我们的同事进行互动交流。但是，不可否认，我们可以从同事的支持中获得很大的帮助。让我们面对这个事实：有时候，我们需要与其他成年人沟通！

课程

如果有一个好朋友能够帮助你，你往往会更容易获得成功。如果有一个好朋友能够耐心听你倾诉，你往往会更容易克服困难。如果在你的内心深处有那样一个好朋友为你加油，你将会有更大的动力来完成一项任务！

为自己找一个“学习好朋友”吧。你可以与隔壁班的老师达成协议，如果你们两个都愿意的话，你们甚至可以将它转变成你们之间的积极竞争。下面是一些关于协议或者竞争的建议：

- 比比看，谁保持理智和掌控力的时间最长，你们还可以准备一些奖品，谁赢了这场竞争，谁就能获得这些奖品！
- 规定你们每个人都要投入额外的努力，来帮助一个陷入困境的学生，然后分享彼此的成功经验。
- 彼此分享一些关于课堂与教学、提高学生成绩以及改善学生行为的想法和建议。
- 比比看，谁能想出最有创意的方法，让学生能够积极完成作业、积极阅读书籍等。
- 在你们两个班级之间，偶尔就某些方面展开竞争，比如出勤、功课、学生的良好行为等。

选择一个好朋友，就像选择一个网球搭档一样，与别人一起练习远远胜过自己一个人埋头苦练，这将有助于你迅速地提高你的能力，更好地打好教学这场比赛。

实践

有时，人总会绊倒或者落后，因此你需要找一个好朋友，彼此“保护”，并及时伸出援助之手。从今天开始，去找一个愿意和你一起学习的老师吧，当有人落后时，另一个人可以在一旁为其鼓劲加油。你们懂得相互鼓励、相互扶持，因此你们也一定会收获共同前进的喜悦。

笔 记

第29课 经验分享会

目标

教师往往总是自顾自地忙着自己的课堂教学，他们的时间都被自己班级里的学生占用了，很少有额外的时间和精力再与同事交流教学经验。这太令人感到遗憾了，因为教师其实可以从其他同事那里学到很多十分宝贵的经验。

下面是一位教师亲身经历的故事：

我周围有许多优秀的教师，但我们很少相互分享各自的教学经验。有一天，我们几个老师正在聊天，大家一致认为，如果有时间的话，我们其实可以从同事那里汲取到很多有益的经验。当时，校长恰好听见了这段谈话，他说：“这个想法不错，我们应该这么做。”然后他召集了一次教师大会，事前让每位教师准备一个自己在教学实践中总结出来的经验和技巧，在会上和其他教师分享。第一次分享会讨论的主题是学生的表现，分享会上只有一个要求，那就是发言时不许抱怨学生和学生的行为，而是要分享每位教师在课堂上处理纪律问题的经验和技巧。大家的发言十分踊跃，有一位教师专门负责记录大家的发言，并在会后整理出一份文件供大家分享。

这次会议给我的收获比我以往参加的所有会议的收获都大。很多教师都对平日里默默无闻的同事所分享的经验赞叹不已。经验分享会之所以能获得成功，最重要的因素在于它的组织形式，每个人都有发言的机会。做了这么多年的教学工作，这是我第一次参加如此高效的分享会，要是以前也有这样的机会该多好。从那以后，我们决定每个月都举办一次类似的分享会。会议的主题涵盖了学生表现、管理策略、如何与父母沟通等话题。我相信每个人都能从别人的经验中学到很多东西，我自己就从同事的经验里收获良多。而且每当有人对我说“你上次分享的那个办法真不错，谢谢你”时，我都格外高兴。

每一位教师的教学经验都像蕴含着丰富财富的宝藏，为什么不利用这样的机会，大家一起分享各自在教学实践中的成功经验和技巧呢？

开始分享会之前，需要先做以下准备：

- 每一位教师都要事先准备一个希望和大家分享的自己在教学实践中总结出的成功经验或技巧。
- 指定一位讨论主持人，带领大家自由发言讨论。
- 指定一位教师负责记录大家的发言，并在会后整理成文件，整理好的文件最好在讨论结束后一周内分发到各位教师手上。

课程

在课程开始时，我已经和你分享了那个真实的故事。现在，我要再和你分享几个高效课堂管理的策略。

- 有一次，我在教学楼里发现有个学生并没有遵守在教学楼必须轻走慢行的规定，而是在走廊上乱跑乱窜。我看见巴克老师不慌不忙地对她说："哦，谢谢马特，你又提醒我在教学楼里应该轻走慢行了。"马特听见后立刻收住了脚步。巴克太太的这一做法实在是太高明了。她没有生气发火，也没有直接指明，但却收获了期望的效果。
- 还有一次，我在皮特先生的教室里听课，看到有个学生掏出手机发短信。皮特先生慢慢地走到这个学生身边低声耳语了几句，然后学生立刻收起了手机。我没听清他和学生说了什么，所以十分好奇。下课后，我询问皮特先生他上课时说了些什么，居然能让那个学生马上放下手机。他说：“哦，我就是问他，记不记得上课时手机应该放在什么地方，如果他记不起来的话，我可以先帮他保管手机，下课时再还给他。然后，他就自觉地把手机收起来了。”太棒了，皮特先生既巧妙地避免了激烈冲突，又顺利地解决了问题，皮特先生从耐心提供帮助的角度寻找切入点，巧妙地提醒了学生要集中精力听讲。

● 上周，在特纳小姐的课堂上，有个学生走神了。特纳小姐上课时很少站在固定的位置，而是喜欢不停地在教室里走动。于是她慢慢走近这个学生，轻轻拍了拍他的肩膀。就这么简单！特纳小姐既提醒了学生认真听课，又没有打断课堂。课后，我问她平时在课上是怎样维持课堂纪律的，她说每个学生都知道她这个动作是提醒自己集中注意力。如果哪个学生上课时走神了，她走过去轻轻拍两下肩膀，这个学生立刻就明白发生了什么，并且会迅速把注意力集中到课堂上。这是一种非常友好的提醒方式，既不需要多费口舌，也不会让学生感到尴尬。

在这里你可以添加自己所知道的其他事例：

● ____________________

- ______________________________
- ______________________________

你可以自己主持讨论会，也可以邀请其他教师代为主持。也许，由于时间有限，并不是所有的教师都有机会在会上发言分享经验，但他们可以事后将自己的经验添加到最终整理的文件中，借此分享给所有人。尽管你已经事先指定好负责做记录的教师了，但我还想教你一个简洁有效的方法，就是让其他教师把自己的经验通过电子邮件发送到这名负责记录的老师这里，这样他就可以十分方便地汇总这些经验，并且将这些经验发送到每一位教师手中。

实践

作为课后练习，当你回到自己的课堂中时，请实践今天在分享会上所学到的经验和技巧。我确信，当你体会到这个分享会所带来的好处和进步之后，你一定会自发地组织更多类似的活动。

最后再次强调，讨论分享会成功的秘诀在于它的积极性，会上一定要避免出现抱怨、诉苦等不积极的言论。

笔 记

第30课

观摩卓越课堂

目标

通常，如果教师被问到平时多久会旁听一次其他教师的课时，大部分人的答案要么是很少，要么是根本没有这种活动。如果继续追问原因，管理层往往会说没有考虑过这种需求，或者即使曾经想过类似的活动，但光是日程安排就让人心力憔悴。尽管困难重重，但我们要意识到旁听的重要性，它是迅速提高教师教学水平的重要途径。

课程

我认识的一位校长，她就极力为学校的教师们创造去别人的课堂取经学习的机会。下面是她的故事：

我所在的那所学校师资力量非常优秀。在这个优秀的教师队伍中，有个别教师的水平并不高。但我相信所有人都可以做到同样优秀，而带领教师实现这一目标正是我的职责所在。即使是那些最优秀的教师，也在不断寻找机会和方法进一步提高自己的教学水平。我认为实现这一目标最好的途径就是让教师去别人的课堂中观摩学习，这能带来令人惊叹的神奇体验。

作为管理者，我偶尔会建议某些教师就特定的主题开放自己的课程给其他教师们观摩。例如，有一些教师在课堂管理方面别有一番心得，于是我就会建议他们以课堂管理为主题为大家准备一堂公开课，因为我希望别的老师能来到他的课堂观摩学习。有时，我也会建议某些教师（比如在教学技术方面比较薄弱的教师）去观摩一下某位在这个领域经验相对丰富的教师的课堂。我们还设立了一个叫做“好课堂秀”的列表，出现在这里的课堂并非针对哪个特定的主题，而是从各个方面展示了一个优秀课堂应有的样子，任何感兴趣的教师都可以来观摩。

当我第一次把这个点子分享给教师们时，大家展开了激烈的议论。因为大家从来没有听过类似的想法。后来，当大家习惯了这种相互学习的模式，并且切身感受到这种模式给自己的教学带来进步之后，大家都爱上了它。也许某些课堂表现不那么出色的教师还算不上“爱它”，但他们也从中学到了不少东西，并且从这个方法开始实施后他们在教学上的确获得了很大的进步。事实上，认真实行了旁听制度的学校，所有的教师都会在教学实践中表现得更加出色。

我的目标就是帮助教师在现有的基础上进一步提高自己的教学水平。从上面的介绍中，你应该已经看到了教师之间相互学习所带来的好处。下面是其中一些显而易见的好处，相信你以后在实践过程中会发现更多：

- 每一个教师都会在有同事旁听时，尽可能地表现出自己最好的水平。
- 教师队伍里最不高效的教师能够直接向最高效的教师学习。
- 那些最优秀的教师，即使是旁听水平一般的教师的课，他们也能抓住课堂的亮点，并将其化为己有，以提高自己的教学水平。这也是他们能一直保持优秀的原因！
- 所有教师都会期待旁听其他教师的课，这样就可以借鉴其他教师优秀的教学技能，进而提高自己的教学水平。

如果由于其他事情耽搁了原本计划旁听的课程，你可以和讲课教师约好下次旁听的时间。一旦大家开始相互学习，并感到自己从中得到了很大的收获，那么每个人都会自发地坚持下去，这并不需要再额外花费更多的时间和精力。

实践

第一个月，请自行选择感兴趣的旁听课程。当你渐渐接受这一方式，并且习惯了旁听其他教师的课以及其他教师旁听你的课，你就会变得越来越优秀，因为你通过这种形式从其他同事的身上学到了他们的优点和长处。

笔 记

PART 5

What Makes a Great Teacher?

如何成为卓越教师

第31课
以学生为第一要务

目标

我们教育工作的最终目标只有一个：学生。因此，我们所做的每一个决定都应该紧紧围绕这个问题：它是否对我们的学生最好？我相信，如果每个教育工作者都能时刻考虑这个问题，那么我们的教育环境一定会比现在所呈现出来的样子要好得多。那现实究竟是怎样的？我们平时在学校是如何做决定的呢？教师都是普通人，难免会犯错误，于是有的时候大家会不自觉地选择那些对自己最好或是最简单的决定。很多教师做一个决定后整个学年都不会修改。他们做决定时，不是因为持续50分钟测验要比20分钟的测验更有效，而是因为考虑到进行一次50分钟的测试可以让自己少做一次教学计划，并且还能腾出50分钟的休息时间，我们总会有意无意地犯这样的错误。我们之所以这样做的最深层原因是我们并没有以帮助学生为第一要务，而是选择那些对自己好或是简单易行的方法。甚至有时候我们自己都没有意识到这一点。比如，大家设计考试测验时都倾向于一次占用一整堂课的时间，因为一直以来都是这么做的，大家都默认这是正确的选择。

无论出于怎样的原因，教师总会难免做出一些没有以学生为第一要务的决定。今天的课程有以下两个目标：（1）让你反思自己做决定时究竟是出于怎样的目的；（2）让你将考虑的重心转移到学生身上。

课程

首先，我想和你分享下面这个场景：

一天，有个小孩想比平时晚睡一个小时，于是向父母提出了这个要求。他的父母考虑到他第二天还要按时上学，就没有同意。小孩生气地大喊大叫，但父母依然坚持。他还不罢休，又哭又闹，终于，父母让步了。

你是否见过类似的场景？你是否曾这么做过？为什么最终父母会让步？因为满足小孩的要求要比继续听他吵闹要容易得多。最开始，父母的决定是为孩子好，但小孩并不这么想。最终，父母屈服，小孩如愿以偿。一旦事态发展到令父母难以忍受，他们就会匆匆做出最容易的决定，因为他们觉得放任小孩自由行动比坚持自己的意见更加简便易行，仅此而已。

再次提醒各位教师，我们都是普通人，做决定的时候偶尔也会用那些简便易行的方法去替代真正对学生有益的方法。我们当父母时会这样做，我们当老师的时候也同样会这么做。

现在，让我们看下面这几个场景示例，仔细想想哪些是对学生好的做法，哪些仅仅是做起来更容易些的做法：

场景1：距离下课还有8分钟，教师已经把当天课堂的内容讲完了。接下来的这段时间要怎么度过才算对学生好？

A. 她跟学生说："如果你们能安安静静地自习到下课，我就不再给大家布置额外的作业了。"

B. 她立刻开始讲新的东西，因为她知道在课堂上的每分每秒对学生来说都是宝贵的。

场景2：教师正在准备一份新的测验卷，考虑要添加一些内容到考卷里，下面哪种方法对学生更好？

A. 全部选择那些有标准答案的客观题，这样批改起来会比较快。

B. 选择那些需要学生充分思考、讨论和分析的客观题。

场景3：教师正准备开始新的一堂课。练习册里有十个新单词，下面哪种方法对学生来说更好？

A. 让学生用词典查出释义，然后抄写到笔记本上，再用这些单词造句。

B. 让学生分小组讨论这些单词，通过上下文或拆词法等推断出词义，最终以小组为单位得出自己对单词意思的认识，并把结果在班级展示板上展示出来。然后，大家以口头讲述的方式活学活用刚刚所学的新单词。

场景4：现在是周五，忙了一周的教师感到很疲惫。学生正在计算机教室学习一些新的课程内容，老师的手里还有一沓上次测验的试卷没有批改，这时哪种做法对学生更好？

A. 教师让学生自习，然后自己坐在讲桌前批改试卷。

B. 教师在计算机教室里不断巡视，给予那些需要帮助的学生及时的指导。

场景5：课堂上讲到了有关第二次世界大战的某一章，这时哪种教学法对学生更好？

A. 教师布置任务让学生阅读课文，然后回答课后问题。

B. 教师在开始上课时，首先让学生分享自己对于这场战争的认识，然后让大家通过阅读课本并借助网络来回答一些教师事先准备好的问题（这一环节可以分小组完成）。然后，在课堂讨论环节中，每个小组上台讲解本组得出的结论。

你还可以自行添加更多的场景示例：

- __________
- __________
- __________
- __________

实践

最后，我想再次提醒你，无论做什么决定，不管其他的方式实行起来多么具有诱惑力，都一定要以学生为第一要务。请记住：每次做出有益学生的决定时，即使操作起来十分不易，你也一定要对自己有信心，要相信自己的做法是正确的。尽管对教师来说，那些十分容易实行的做法有时看起来“更主流”，你也一定要坚持选择对学生有益的方式。

笔 记

第32课
赢得学生青睐

目标

是否曾有人这样对你说过："这事交给我没问题，因为我觉得你人不错？"这种说法隐含的意思其实是"我是为了你才做这件事的"。这种心理对教育工作者意义重大，但很多人却忽视了这点。事实一次次地证实，如果一个人觉得另一个人很不错，那么他在为这个人工作的时候会更努力，会更容易听从这个人的意见，也会更容易容忍这个人的缺点。简而言之，如果一个人觉得某人很不错，那么他会很愿意帮助这个人。在你的同事中，你可能听到有很多人持有这样的观点："教学又不是表演，我不需要讨好学生，他们只要从我这里学到知识就可以了。"这种说法一定很常见，因为每个学校都会有这样的教师，但我很遗憾地告诉你，这是一个大错特错的观点。教学活动离不开表演的成分，如果学生不喜欢你，那么他们很可能不会认真听你讲课，这也是为什么不同的师生关系会对教学结果产生不同影响的原因。

课程

本次课程开始时，请你先逐字逐句地再仔细阅读上述文字。然后，仔细思考下面的问题：

- 是否有人曾对你说过："这事交给我没问题，因为我觉得你人不错？"
- 在你的学生生涯里，在你喜欢的老师的课堂上，你是不是会更认真地学习？
- 如果你的朋友平时卖安利的产品，即使你家里暂时并不需要洗涤用品，但看在好朋友的面子上你是不是也会多少买一些？
- 对于那些你喜欢、欣赏的人，你是不是更能容忍他们身上的缺点？

- 你愿意帮助你的知心朋友吗？
- 你是否曾经听到有教师这么说过："我不需要讨好学生，他们只要从我这里学到知识就可以了？"你觉得这种说法正确吗？
- 你觉得和学生之间建立一种良好的师生关系，对改善教学来说能起多大的作用？
- 为什么那些优秀的销售人员在推销具体的商品之前，都会先和你寒暄几句，套套近乎？
- 那些伟大的教练如何成功地让资质平平的运动员取得令人瞩目的好成绩？
- 为什么学生会对某些教师言听计从？

实践

再次重申一下，好的教学活动离不开表演！如果想要学生在你的课堂上付出百分之百的努力，你首先要获得学生的青睐。请时刻提醒自己记得这一点。下面是与学生建立良好关系的几点小建议：

- 时常保持笑容
- 善良

- 热爱教学
- 平易近人
- 积极向上
- 多鼓励学生
- 要富于同情心
- 充分了解自己的学生
- 及时帮助遇到困难的学生
- 试着去理解学生的想法
- 信任自己的学生，并让他们感受到

笔 记

第33课 专业的态度

目标

最近，有一名教师愤愤不平地找到我，然后我们展开了如下一段谈话：

她说："我们做老师的总是不被人重视，学校都不尊重我们。校长就是个摆设，根本不能胜任。家长们也不支持我们工作，他们总是惯着孩子。学生一个个目无尊长，最要命的是还都那么懒。这活真是没法干了，要我们把这些小懒虫教育成社会栋梁，怎么可能！况且工资才这么一点点，根本不值得那么卖命。"

当问及为什么她觉得校长不能胜任时，她告诉我她的校长居然敢指责她需要端正态度，提高教学水平。从前面这位老师简短的话语中，我们可以看出她的校长还真是说对了。这位老师的话语完全没有体现出教师的专业精神。她把自己看做受害者，不停地说别人的坏话，抱怨学生懒惰，家长不支持工作。对她来说，做老师的确是一件很令人头疼的事。

出于对职业的尊重，我没有直接问这位老师下面的问题：一个不停传播负面言论，不相信自己学生的能力，指责学生懒惰、家长不支持工作，身为老师却毫无专业精神的教师，又值得学校付出多少工资呢？

不过令人欣慰的是，大多数教师还是具备职业素养的。我们作为专业的教师，决不能容忍自己出现哪怕一次不专业的行为——特别是在公共场合！

专业人士在工作时会一直展现出专业的姿态和精神。要做到这点并不容易。而且，作为专业人士，我们需要时刻提醒自己，当初为什么会选择这一职业。即使是那些教师队伍中最优秀的成员，也会从这种不断的反省中受益。今天，你的任务就是记住，在工作场所表现出应有的专业性是多么重要。

课程

请仔细思考刚才那位教师的话。然后想想为什么那位教师会做出如此不专业的行为。作为一名教师，我们都知道教学是一件辛苦的工作，也是一件容易令人感到沮丧的工作，但你要相信，学生一定会回报给你无限感动的，在你的职业生涯中，你会不断感受到这一点：它会出现在你第一次给一名后进生讲明某个知识点之时；它会出现在你第一次收到学生的感谢贺卡之时；它会出现在你第一次见证学生终于在你的教育下表现良好之时；它还会出现在你第一次听到教过的学生说“老师的话语改变了我的一生”之时。

实践

我在这里给出了一些情景案例，请认真考虑并做出回答。我更建议你从实际工作中总结经验教训，争取做一个人见人爱的优秀教师。

场景1：一位教师对学校开展的某项活动有异议。

A. 他开始向同事们喋喋不休地大谈这个活动的坏处。

B. 他向校长表明了自己的感受以及他不喜欢这项活动的真正原

因，然后提出自己的建议，目的是为了让这个项目能够更好更高效地实施。

场景2：某个学生在课堂上拒绝完成教师布置的任务。

A. 教师私下里和这个学生沟通，询问他遇到了什么问题。

B. 教师用严厉的口气公开向这个学生提出警告，并命令他立刻开始。

场景3：A 教师无意间听到了 B 教师家的私事。

A. A 教师向其他人聊起自己听说的有关 B 教师的私事。

B. A 教师对这件事绝口不提。

场景4：A 教师刚刚接到校长对自己的评估报告，她对结果不太满意。

A. A 教师和其他教师聊起此事，公开表达了自己的不满，并且询问他们是不是也对自己的评估结果不满意。

B. A 教师联系到校长，希望能和他私下讨论有关自己评估报告的问题。如果谈话之后她仍对结果不满意，则继续联系另外的管理层负责人。

场景5：有位教师对课堂管理感到很头疼。她班里的学生上课时总在聊天，而且也不按时完成她分派下去的课堂作业。

A. 这位教师找其他的同事诉苦，而这几个同事也在课堂上遇到了类似的问题。这个小团体总是在谈论有关学生的负面话题。

B. 这位教师向那些能够高效管理课堂的优秀教师取经，并成功地提高了课堂管理效率。

场景6：一位教师正面对着一个生气的家长，两人的谈话没有产生任何实质性效果。家长走了，但问题还在。

A. 这位教师向其他有经验的老师请教解决方案，这样下次再遇到类似事情时就能够很好地解决问题了。

B. 这位教师向所有人抱怨自己这次不顺心的遭遇，并不停地说这个家长的坏话。

在下面的横线上，你还可以自行添加更多你遇到的问题以及能够解决问题的方案，以提醒自己时刻做一名高效的教师：

对于上面的问题，尽管你不一定能在工作中百分之百做到最好，但你一定知道什么才是最好的做法。记住，尽管你有时会感到自己的工作非常艰难，但是作为一名专业教师，你一定要在工作中时刻表现出专业的态度。

笔 记

第34课

改变关注点

目标

你是否曾经有过这样的经历，你高高兴兴地买回一部新车，然后突然发现周围好多人都在开同样款式同种颜色的车。难道是车厂突然大量生产这一种型号的车了吗？当然不是。这些车其实一直在街上跑着，只不过你之前一直没注意到而已。

我们都经历过特别不顺的日子，仿佛每件事都很难顺利进行。为什么一旦发生一件不顺心的事，所有不顺心的事就像引爆了连锁反应一样接踵而至了呢？这通常是因为出现一件不顺心的事之后，人们往往感到心情低落，而被这种心情控制的人，更容易看到事情消极的一面。这听上去很糟糕，难道不是吗？但如果我们反过来看，假设一个人以乐观向上的心态看待周围的事情，那么他就一定会不断发现事情积极的一面。这个道理在教学管理实践中也同样适用。

教师只有保持积极乐观的心态，才能大大提高工作效率。你有没有发现这样一个事实，学校里那些最优秀的教师总能从学生身上看到优点。而那些总是充满负面情绪的教师，即使面对最优秀学生，也很难看到学生身上的优点，反而会抱怨自己班里的学生是“学校里最差的一批”。

课程

在今天课程开始之前，我先分享一位培训导师在培训教师时采用的一个游戏：

这位培训导师给大家三十秒时间，让教师们环顾教室的陈设，并尽可能地记住外表是圆弧形的物品，比如地球仪、饮水机、圆形挂钟等等。三十秒之后，他让所有人闭上眼睛，然后说：“现在，请大家尽可能回忆出外形是方形的物品。”很多人一时反应不过来，一样方形物品都没说出来，有些教师勉强能想出几个来，但也超不过两三个。这时，他让大家睁开眼睛再次观察教室。教师们马上会发现其实屋里很多陈设的外表都是方形的，比如课桌、墙壁、门窗、书本等等，放眼望去，方形物品随处可见。最后，他问大家，为什么让大家回忆几个方形的物品那么难？答案显而易见，最开始大家的关注点不在方形物品上。

通过这个简单的游戏，教师们可以充分认识到人总是倾向于看到自己希望看见的东西，也就是说，我们的关注点塑造出了我们周围的现实世界。

假如玻璃瓶里装的水刚好到一半的位置，这是“半空”还是“半满”呢？请联系实际生活想想这个问题。以下是几个例子，反映了拥有“半空”心态的人和“半满”心态的人面对实际问题时出现的不同想法：

1. 如果在下班回家的路上，目睹了一场车祸，“半满”心态的人可能会想：“啊，真是幸运，要是早一分钟出门的话，撞车的就是我了。”而“半空”心态的人则可能会想：“就知道这种倒霉事总会出现在我周围，要是早一分钟出门的话，我就在前面的车祸现场躺着了。”

2. 如果发现自己每月的薪水涨了一点点，“半满”心态的人可能会为这额外的收入感到高兴，而“半空”心态的人可能会抱怨怎么这么久才涨薪水，而且涨得这么少，简直是对自己工作的侮辱。

3. 校长决定在全校实施一种新的教学法，这个方法能让学生在课堂学习中感受到更多乐趣。“半满”心态的教师会积极参与其中。而“半空”心态的教师则觉得这是给自己增加额外的工作量。

通过第三个例子，我们可以很自然地联想到和学校教学有关的主题上来，请仔细想想抱有“半满”心态的教师和“半空”心态的教师会如何应对以下不同的场景，请把你的想法写在下面的横线上：

1. 在课堂上，两个学生的心思没有放在课堂任务上。“半满”心态的教师会如何应对？“半空”心态的教师又会如何应对？

____

____

____

____

2. 有一名学生找到老师，说他被一个令人讨厌的同学骚扰。此时，“半满”心态的教师会如何应对？“半空”心态的教师又会如何应对？

____

____

____

____

3. 教师收到了不少学生反馈上来的教师评测卡，其中有学生写道：“老师在课堂上没有开展足够多的游戏活动，上课太没意思了。”面对这样的反馈，“半满”心态的教师会如何应对？“半空”心态的教师又会如何应对？

____

____

____

____

你还可以在这里增添更多类似的示例：

____

____

____

____

现在，你认为学生更喜欢“半空”心态的老师，还是“半满”心态的老师？显然，学生更喜欢心态积极的教师。如果你原本就是很积极的教师，那么你一定会找到更多有建设性的方法，如果你在平时心态就比较消极，那么你也会通过这样的思考，意识到积极心态的重要性，进而努力培养自己的积极心态。

实践

关于这堂课，你的任务就是试着改变自己的关注点，更多地关注学生的优点，在这周结束的时候，希望你能列出一个小小的清单"我为自己学生感到骄傲的二十五个原因"，当然，每个原因都要和学生沟通并得到他们的同意。最后，这个清单将贴在教师的布告栏上，让所有学生都能看到。这将给整个班级带来积极的能量。

笔 记

第35课
笑容的魔力

目标

教师！道德的楷模、人类灵魂的工程师，他们无私地陪伴学生度过漫长的学生生涯，并且拥有改变无数人命运的力量，但仍然有一些教师，他们扮演着教师的角色却看起来很不开心。这样的人也许就在你的身边。

教师拥有如此重要的地位，难道就不应该随时展现出高尚积极的专业面貌吗？一个自己都不积极乐观的人，怎么能带给别人积极向上的正面影响呢？事实上，学生只会从身边积极向上、乐观快乐的成年人那里得到收获。没有哪个学生在悲观厌世的老师的影响下还能积极向上的。

如果一个教师平时就表现出闷闷不乐的样子，他的课堂就很难营造出轻松愉快的气氛。而且，他们很可能要应付更多的课堂管理问题。这并不是说即使学生犯错了，教师也要笑脸相迎。事实上，课堂管理有时候也需要教师表现出一副严肃的面孔，但这种情况越少出现越好。总体来说，优秀的教师平日里都是开开心心的，无论他们心里是怎么想的，至少他们展现给学生的始终是乐观积极的一面。

你有没有觉得，如果你在平时表现得很开心，课堂的整体氛围就会变得很好？你有没有发现，有些教师还抱有那种只有在教室里板着脸学生才会听话的过时想法？正是这些崇尚板着脸教学的教师告诉新来的教师们，平时千万不能给学生好脸色，否则学生会得寸进尺，这个观点其实是大错特错的。事实上，总是板着脸的教师会让学生对学习失去兴趣。

当然，教师也是普通人，而且教学工作有时也会让人感到疲倦，有时难免会表现出严肃的样子，这是可以理解的，但是教师自己一定要时时刻刻提醒自己记得对学生微笑，只有这样，才会营造出一个和谐的课堂环境。

课程

你认为在学生的成长过程中，你需要为他们树立积极向上的榜样吗？我相信，你一定会同意积极的榜样对学生的成长具有重要的意义，事实上，榜样的力量对每个人来说都是非常重要的。

你在学校里看到过很不快乐的教师吗？你可能会微微一笑，是的，总有个别教师在学校表现得很严肃，他们正是那些平时闷闷不乐的教师。好的，现在我问最后一个问题，你认为有学生可以在悲观的老师的影响下，学会积极进取吗？你当然答不出来，因为不会有这样的学生。学生在课堂里需要的是乐观积极的老师陪伴在他们身边。作为教师，我们无法左右学生家里的生活环境，但我们有能力改进学校的氛围。

现在就回到课堂上，大大地冲着学生笑一个吧，不要考虑自己的样子看起来有多傻，也不需要任何言语，尽管保持笑容就好。请相信我，大多数学生都会用同样的笑容来回报你的。

笑容可以带来的诸多好处：

- 当你展露笑容时，无论它是否发自真心，你的大脑都会释放出能够减缓压力的内啡肽。笑容是天然的镇痛剂，它会让你感到愉快，就算是假装出来的笑容也同样能产生愉悦的效果。请相信我，这不是奇迹，你不知不觉就会变得更加开心！

- 笑容可以传染。
- 当你面带笑容地和学生交流时，他们几乎不可能做出违反纪律的行为。不信的话可以尝试一下。
- 相对于平时闷闷不乐的教师，学生更喜欢积极乐观的教师。
- 教师都希望学生能喜欢自己，而达到这一目的最简便的方法就是：多笑！
- 对别人微笑时，你会给别人传递一个积极的信号——你正在关心他。如果学生感受到你的关心，他们会在你的课堂上表现得更好，他们的学习成绩也会变得更好。
- 笑容免费，而它所带来的回报却是无价之宝。

实践

请记住，平时多展露笑容不会带来任何的坏处。在本周，你一定要试着比平时多笑一笑，这里再重申一下，你的笑容并不一定必须要发自内心，一开始你只需要努力冲学生多笑笑，慢慢的，你的笑容就会变得越来越真诚。

笑容带来的成效是立竿见影的，笑容带来的威力往往会远超人们的想象。有的教师还告诉我们，最开始个别学生会关切地问他们是不是发生了什么好事，因为他们的样子看起来实在是太开心了。听到这个故事的每个人都笑了，相信这位教师也从学生的反馈中学到了重要的一课。学生需要积极的教师，他们应该有积极乐观的大人陪伴他们成长，希望你也能成为这样的人。

笔记

第36课
你还好吧?

目标

真相1　学生的态度和举止往往会反映出教师平时的行为。

真相2　相对于那些认为老师不关心自己的学生来说，那些觉得老师关心自己的学生会表现得更好。

真相3　不恰当的问题会激起同样不恰当的回应。

真相4　私下里和学生沟通可以避开“观众”的视线，增加成功解决问题的可能性。

你是否曾听到过生气的教师对学生大嚷大叫：“你在干什么！”

或者“你有什么毛病？”很明显，这都是气话，并非真正有意发问，教师也不会期待学生的回答。学生自然也理解这点，他们听到类似“问题”后大多会冷眼相对、一言不发。可见，教师这种大喊大叫的行为既不专业也毫无效果。其实，要找出隐藏在学生身上的问题还有很多其他的方法。今天，我将分享一个简单有效地应对学生不良行为的方法。

课程

首先，想想你是否说过类似的话：

- 你在干什么！（生气的语气）
- 你有什么毛病？（生气的语气）

如果你曾经说出过这样的话，那么请扪心自问一下：

- 你是在表达对学生的关心还是单纯在发泄怒气？
- 大多数学生会怎样回应类似的问题？
- 你是否同意，这么做会让你在不知不觉中埋下与学生发生激烈冲突的隐患？
- 除了这种针锋相对的方式，还有其他积极有效的解决类似问题的方式吗？

今天，我将分享一个简单有效的方法来应对上述问题：

这个方法的秘诀就是在学生调皮捣蛋时微笑着说："你还好吧？"一旦你这样做了，那些感觉到你关心的学生一定会表现得越来越好，而这也正是你想要的。下次，再遇到有行为不端的学生，请一定要记得私下里和他谈话（以此避开了其他学生的注视），然后问他："你还好吧？"（当然，要以关切的语调来表达你的关心）。一般来说，学生的回答都是："挺好的。"然后你继续说："老师之所以这么问，是因为你刚才在课堂上的表现不太像你平时的样子。"这么说也许略显夸张，这个学生很可能经常以同样的方式扰乱课堂纪律，不过你还是要坚持继续这样的谈话："老师知道一定是你心里有什么事，不然你不会扰乱课堂纪律的，你想跟老师说说出了什么事吗？"

就是这样，只花费了短短几分钟的时间，你就成功地处理了课堂上发生的纪律问题，并且让学生认识到自己的行为扰乱了秩序。以后这个学生的表现会有进步吗？毋庸置疑，他进步的可能性非常大！

请记住，教师在应对类似问题时有些事一定不能做。比如，不能以训斥的口吻告诫学生不能做什么，不能表现出学生的行为冒犯了自己，不能威胁学生。事实上，你只需要简单地表达出自己的关心就可以了。

实践

在你的课堂上实践“你还好吧”这个方法，在实践这个方法之前，请牢记下面几点：

● 主动询问“你还好吧”，这是一种让学生感到尊重和关心的方法，能帮助你应对学生在课堂上出现的不当行为。

● 使用这个方法时，一定要注意表达出尊重和关心的态度。如果含有任何生气愤怒的情绪，这个方法就会失效。

● 如果让学生感受到你真心关心他，那么他在课堂上往往会表现得更好，学习也会更用功。

● 使用这个方法用不了一分钟，通常不需要事先做出详细的规划。它不仅能快速有效地改善师生之间的关系，而且能使整个沟通过程变得非常和谐。

试试看吧。你一定会感到惊喜的！

笔 记

第37课
成为学生喜欢的教师

目标

你可以问问身边的教师，他们上学的时候是否曾经受到过积极教师的影响，很可能所有人都有过这样的经历。事实上，有很多伟大的教师之所以投身这个行业，完全是由于小时候受到了教过自己的老师的影响。除父母之外，教师是能够对孩子的人生产生最大影响的人了。从5岁到18岁的这段日子里，很多学生和老师相处的时间甚至超过了和父母在一起的时间。教师有着重大影响力的同时也肩负着巨大的责任。今天，我们就来回想一下自己曾经最喜欢的教师带给自己的影响。

课程

请回忆一下你自己最喜欢的那位教师的故事。他是谁？他有哪些优秀的特质？你为什么最喜欢他？那位教师是怎样对待你的？你和他在一起感觉如何？然后，请列举出你喜欢的教师所具备的五条特质，并在纸上记录下来。相信我，你最终总结出的这些特质很可能和下面所列的这些相似：

- 我最喜欢的教师很关心我。
- 我最喜欢的教师积极乐观，常常面带笑容。
- 我最喜欢的教师热爱教学。
- 我最喜欢的教师让学习充满乐趣。
- 我最喜欢的教师从不对我们大喊大叫。
- 我最喜欢的教师十分信任我。
- 我最喜欢的教师从未让我感到难堪。
- 我最喜欢的教师让我感到自己十分特别。
- 我最喜欢的教师让我体会到了成功的感觉。

你可能也注意到了，你几乎想不起自己的老师有多么关心你的分数，甚至也不记得他们曾经教过课程的具体内容。你能回想起的自己喜欢的教师的特质大多与他曾带给你的感受有关——成功、喜爱、特别、能干等等。

接下来，请你再想想你曾经最不喜欢的教师的特质。讨论结果很可能和下面列出来的这些非常相似，它们从来都不会成为喜欢某个教师的原因：

- 我的教师对我态度很差。
- 我的教师平时总是闷闷不乐。
- 我的教师总是拿很难的测验试卷考大家。
- 我的教师常常冲我们大声叫喊。

现在，看看你所列出的自己喜欢的教师所具备的特质，这些特质是不是你的学生希望你具备的呢？相信你会心照不宣地露出笑容。不管你现在是否具备这些特质，最重要的是你现在已经知道了学生希望你具备这些特质，好好努力吧。我相信你一定会成为最受学生欢迎的教师。

实践

也许，今天你还没有具备刚才提到的这些特质，但你可以从明天开始努力，请一定要结合自己的实际情况，努力培养让学生喜欢的特质。我们的每个学生在课堂上都应该和自己喜欢的教师在一起学习，请一定要努力成为那样的教师。

笔 记

第38课

榜样的力量

目标

教师的一言一行都会永远留在学生的记忆中。学生的言行，无论是好是坏，反映出来的都不是学生自己本身，而是体现出教师对学生的影响，无论这影响是积极的还是消极的。

所有的学生都有权利在积极乐观的教师的影响下成长，他们都有权利受到老师的关心和鼓励，有权利在老师的帮助下发挥出自己最大的潜力。学生有权利拥有最优秀的教师！但事实上，很多学生并没有享受到他们的这些权利。

让人遗憾的是，教师所造成的负面影响与正面影响一样，会在学生心中产生深刻的印记。希望你能领会到负面影响对学生造成的危害有多大，今天，就让我们来回忆一下自己曾经遇到过的最不喜欢的老师。

课程

首先，在课程开始前，请你回忆一下自己最不喜欢的老师的故事。他有哪些特质？你为什么最不喜欢他？他是怎样对待你的？他又是教你如何看待自己的？

接下来，请列出自己最不喜欢的教师所具备的五个特质。相信我，你最终总结出的特质很可能和下面所列的这些相似：

- 我最不喜欢的教师特别消极（易怒、刻薄、愤世嫉俗等）。
- 我最不喜欢的教师看起来不喜欢教学。
- 我最不喜欢的教师似乎不喜欢学生。
- 我最不喜欢的教师的课听着很没意思。
- 我最不喜欢的教师经常冲学生大喊大叫。
- 我最不喜欢的教师很少微笑。
- 我最不喜欢的教师特别可怕。

- 我最不喜欢的教师从不信任我。
- 我最不喜欢的教师总让学生感到难堪。

相对于上次课程列出的最喜欢的教师特质清单，这次列出的特质完全处于另外一个极端。你一定注意到了，直到今天你依然对当年自己最不喜欢的教师印象深刻，想忘也忘不了。事实上，越是消极的影响持续的时间往往越长。

请看看你总结出来的这几项不招人喜欢的教师特质，问问自己："我的学生会这么看我吗？""会不会有学生认为我是他们最不喜欢的教师呢？如果有的话，又是为什么呢？"请对这些问题进行深入思考。

即使你在教学实践中都没有表现出上述这些负面的特质，你也要在心中时刻提醒自己，不要让自己无意中就变成了学生不喜欢的老师。请将自己培养成一个让学生喜爱的教师，让他们认为你是一个积极乐观的教师，让他们从你这里收获希望。希望你能成为学生的榜样，陪伴他们成长。请时刻牢记，我们是学生的榜样，我们热爱自己的专业，我坚信，没有哪位教师希望自己成为学生记忆中那个最不喜欢的教师，同样也没哪位教师希望对自己的学生产生任何负面的影响。

实践

尽管你身上可能没有这个列表里出现的特质，但你还是要时刻保持警惕，提醒自己不要成为不受学生喜欢的教师。没有学生希望遇到自己不喜欢的教师。所以，你一定要努力，千万不要让自己成为这样的教师。

笔 记

第39课
道歉心理学

目标

当你无意中说出的话语不小心伤害到了他人时，你是否曾有过这种念头："唉，当时要是没说那些话就好了。"教师在工作中要和各种各样的学生打交道，因此时常会感到很大的压力。在漫长的教学生涯中，教师无意中说的话难免会冒犯学生、家长和同事。人非圣贤，孰能无过，只要真心地道歉，事情总会圆满解决的。

大部分教师为了营造和维护良好的师生关系，都会付出很大的努力。他们深刻地意识到，要教育好学生，首先要了解学生。学生最看重的是你是否关心他们。但是，教师并不是超人，哪怕是最优秀的教师也无法保证每时每刻都能表现出最优秀的一面。他们偶尔也会伤害到学生的自尊，哪怕并非出于本意。

关于这个问题，既有好消息也有坏消息。我先说坏消息：一旦教师的言行伤害了学生的感情，师生关系就会立刻产生裂痕。从今往后，学生很可能在课堂上不会再表现出自己最好的一面，也不会再像以前那样努力学习。因此，教师无意间的言行不仅仅会伤害到学生的感情，还会影响学生的课堂表现和学习成绩。学生眼里的教师形象也会发生很大的变化，学生对教师的尊重、信任会荡然无存，甚至开始害怕这个老师，这一切都会对课堂教学产生严重的负面影响。不过，还有好消息：学生其实很宽容。曾经向学生道过歉的教师都会承认这一点，他们往往会立刻接受教师的歉意，并原谅你。简简单单的一次道歉，可以很快修复师生关系之间的裂痕，重建信任，重拾尊重。而且，当教师为自己的不当言行道歉时，他也给学生做出了一个好榜样，他告诉学生在适当的时候要学会表示歉意。以后一旦学生无意间伤害了别人，他们也会像老师示范给他们的一样，向他人道歉。

现在，我相信你已经意识到了道歉的重要性。事实上，最优秀的教师一旦意识到自己伤害了别人（无论是学生、家长还是同事）都会及时道歉。而那些不是那么优秀的教师伤害学生后的第一反应就是为自己辩护，他们会不遗余力地解释自己的言行是出于多么合理的考虑，但此时无论作何辩解，对学生的伤害已经无法挽回，师生之间的关系也已出现裂痕。今天的课程将教你一个简便易行的道歉方式，它既能维护双方的尊严，又能改善师生之间的关系。

课程

首先，请仔细想想自己曾做过哪些令自己后悔的事，以及受过哪些至今仍无法忘怀的伤害，尽管很可能事情已经过去很久了。

你是否曾因没有耐心对待学生而感到后悔？尽管你平时对学生很宽容，也经常赞美他们，但仍然难免会有意无意地伤害到学生的感情。有时我们会很快意识到自己的错误；有时我们也许要过很久才能意识到自己之前的言行有不当之处；还有的时候，我们为了维护自己的自尊，就固执地认为这一切都是学生的所作所为导致的。

当然，还会存在其他的情形。如果你确信学生的感情受到了伤害，但不确定自己是不是真的做错了，这时该怎么办？其实，只要简单说一句："我真为这事感到抱歉。"你就能收到很好的效果。如果你确定错在自己，那么你可以说："是老师做错了，对不起，希望你能原谅老师。"如果责任不明确的时候，你可以先说："我真为这事感到抱歉。”这样既能维系良好的师生关系，又没有明确表示事情的责任在自己，更重要的是你表达了自己对这件事的关切心情。

现在，请你来回想一下，你有没有在考试的时候发现有学生作弊呢？相信每位老师都遇到过学生作弊的情况。应对这种情况最好的方式就是对他说：“我为这事感到抱歉。”这样既没有影响师生关系，又保留了进一步就此事做出处理的余地。类似地，若一个学生总是因为某种理由上课迟到，你也可以对他说：“我为这事感到抱歉。”

当你接到一个愤怒的家长打来的电话时，你也可以使用“我真为这事感到抱歉”这一方法。这样既能安抚家长的情绪，又能舒缓谈话开始时剑拔弩张的气氛。有的教师可能会想，自己没做错什么啊。是的，你没错。但换个角度来想，需要应付一个怒气冲冲的家长，单单这件事就足以让教师“感到抱歉”了，无论事情的起因是什么！

实践

请与同事分享你使用“我为这事感到抱歉”这个方法之后学生的反应，不可否认，你一定意识到这个方法比自己之前的方法更能顺利地解决师生问题。

请你尽可能频繁地说出这句话，比如在学生出现忘了带作业本，弄坏了门锁，在课间摔伤了膝盖等情形时，你可以巧妙地说出这句话。当你在平时放松的心态下习惯了这个用语之后，遇到紧张的情况时，你就能更自如地运用这种方法了。这种道歉方式简单易行且非常有效。面对棘手的局面，这种方法既可以不伤害双方的自尊，又能完美地解决问题，良好的师生关系也可以因此而得到长久的维系。

笔 记

第40课

教师的信条

目标

若问一个学生他心目中完美的教师是什么样子，你能猜到他的答案吗？不问学生的话，你知不知道他们想要什么？需要什么？应该得到什么呢？如果让学生填写这样一张调查问卷："我心中完美的教师要________；我心中完美的教师不会________"，最终结果的相似程度很可能会让你感到吃惊。尽管没有哪两份问卷的结果会一模一样，但大多数学生心中完美教师的特质包含了下列几项：

- 完美的教师人很好。（这条几乎所有学生都会提及。）

- 完美的教师让学习变得有意思。
- 完美的教师能帮助别人。
- 完美的教师不会让人难堪。
- 完美的教师不会让我自暴自弃。
- 完美的教师不会冲我大喊大叫。
- 完美的教师不会拿我和别的同学比较。
- 完美的教师经常面带笑容。
- 完美的教师善于倾听。
- 完美的教师不厚此薄彼。
- 完美的教师对大家一视同仁。
- 完美的教师给我带来挑战。
- 完美的教师讲课清楚明白，能让我听懂。
- 完美的教师热爱教学。
- 完美的教师很关心我。
- 完美的教师不会留太多作业。
- 完美的教师在课堂上有游戏环节。
- 完美的教师在我犯错后也会原谅我。
- 完美的教师有自己的准则，但不会太多。
- 完美的教师给我勇气。

上面这几项中，你觉得有不合适吗？相信你会觉得每一项都非常有道理。学生每天来到学校就是希望通过学习获得成功，他们一定希望在优秀教师的陪伴下，实现这一目标。这也是我们作为教师应该给予每个学校、每个年级的每一位学生的权利。

课程

首先，问问自己："如果让学生描述他们心目中完美教师的形象，并且让他们做这么一份问卷调查'我心中完美的教师要__________；我心中完美的教师不会__________。'你能事先猜出学生的答案吗？"也许你会半开玩笑地说，学生心中完美的教师一定是让他们天天呆在家里，还不留家庭作业的老师。确实有个别学生会反馈类似的意见。但是，如果你真得在全班进行一次这样的问卷调查的话，最终的结果一定会让你非常吃惊。

你可以自行设计一套调查问卷模板。

完美的教师应该______________________________

完美的教师不应该____________________________

完美的教师应该______________________________

完美的教师不应该____________________________

完美的教师应该______________________________

完美的教师不应该____________________________

实践

将上述列表中出现的项目收集整理，作为教师的信条。在课堂教学时，请你以此信条作为追求，努力让自己成为学生眼中完美的教师。

下面是教师信条呈现出来的样子，你可以使用这个版本或是制作一份更适合自己的版本，将它贴在教室的墙上。

大家好，这是我的誓言

我将成为一个经常面带笑容的好人。

我将关心你们每一个人。

我将变得善解人意。

我将在需要的时候给予你们帮助。

我将非常有耐心。

我将公正无私。

我将热爱教学。

我将值得信任。

我将永远不冲你们大喊大叫。

我将和你们做朋友。

我将信任你们。

我将让学习变得充满乐趣和意义。

我将永远不让你们难堪。

我将激发出每个人的潜力，让你们成为最好的自己。

我将尽自己所能帮助你们获得成功。

我将永不放弃，无论发生什么。

笔 记

结语

A Final Word

教师的进步能让孩子发现最好的自己

不管怎样，如果教师能获得进步，那么他班级里的学生都将因教师的进步而受益。作为管理者，通过本书的实践，能让哪怕只有一位教师在原有的基础上有所收获，那也是很大的成就。如果学校所有的教职工都在本书的帮助下获得了进步，那么最终将对整个学校的教学效果产生显著影响。

本书中的课程所传达的教学方法和策略非常简单易行，并且已经在很多学校获得了良好的实践效果，我们希望在本书的帮助下，教师的教学水平能不断进步，教学心态能日益改观，整个学校的学习气氛也能不断改进。

我们建议，学校每年都能用本书对教师进行例行培训。毕竟，高效的教学是每个学校永不停止的追求，每位教师的教学水平永远都有持续改进的空间，每位学生都有权利接受最优秀教师的教导。感谢大家为此付出的努力！

「常青藤」教育书系·重磅推荐 >>>

《从优秀教师到卓越教师：极具影响力的日常教学策略》

作 者：（美）安奈特·布鲁肖
托德·威特克尔

ISBN：978-7-5153-1237-8
开 本：16
页 码：336
定 价：33.80元

★ 高效：一天一个简单易学的方法，5分钟就能让你的教学效果“立竿见影”

★ 实用：180天，闲暇之时就能轻松学习新理论、新方法、新智慧

★ 专业：美国备受欢迎的教育家与数千名卓越教师的无私分享，让你获得全新的教学视野

★ 影响力：美国教育界人人称赞的教师培训项目二十余年的宝贵经验

本书是一本覆盖全学年的实用教学指南，一共包含180天，几乎覆盖了整个学年的教学时间，每一天为教师提供一个与教学相关的方法、策略或者行动建议，以提高教学的有效性。教师每天只需花几分钟的时间，就能获得新进步、新收获。

作为一名教师，由于肩负着众多的责任，所以很容易顾此失彼，看重一些我们本无须看重的东西，忽略一些我们本不该忽略的东西。因此，每一天，我们都需要提醒自己做自己该做的事情。本书将在你教学的每一天为你送上温馨的提醒、善意的建议、周全的行动计划。

“常青藤”书系—中青文教师用书总目录

书名	书号	定价
特别推荐——从优秀到卓越系列		
★ 从优秀教师到卓越教师：极具影响力的日常教学策略	9787515312378	33.80
★ 从优秀教学到卓越教学：让学生专注学习的最实用教学指南	9787515324227	39.90
★ 从优秀学校到卓越学校：他们的校长在哪些方面做得更好	9787515325637	33.80
★ 卓越课堂管理（中国教育新闻网2015年度“影响教师的100本书”）	9787515331362	88.00
名师新经典/教育名著		
在芬兰中小学课堂观摩研修的365日	9787515363608	49.00
★ 马文·柯林斯的教育之道：通往卓越教育的路径（《中国教育报》2019年度“教师喜爱的100本书”，中国教育新闻网“影响教师的100本书”。朱永新作序，李希贵力荐）	9787515355122	49.80
★ 如何当好一名学校中层：快速提升中层能力、成就优秀学校的31个高效策略	9787515346519	49.00
★ 像冠军一样教学：引领学生走向卓越的62个教学诀窍	9787515343488	49.00
像冠军一样教学2：引领教师掌握62个教学诀窍的实操手册与教学资源	9787515352022	68.00
★ 如何成为高效能教师	9787515301747	89.00
★ 给教师的101条建议（第三版）（《中国教育报》“最佳图书”奖）	9787515342665	33.00
★ 改善学生课堂表现的50个方法（入选《中国教育报》“影响教师的100本书”）	9787500693536	33.00
改善学生课堂表现的50个方法操作指南：小技巧获得大改变	9787515334783	29.00
★ 优秀教师一定要知道的17件事	9787515342726	23.00
美国中小学世界历史读本 / 世界地理读本 / 艺术史读本	9787515317397等	106.00
美国语文读本1-6	9787515314624等	252.70
和优秀教师一起读苏霍姆林斯基	9787500698401	27.00
快速破解60个日常教学难题	9787515339320	39.90
★ 美国最好的中学是怎样的——让孩子成为学习高手的乐园	9787515344713	28.00
建立以学习共同体为导向的师生关系：让教育的复杂问题变得简单	9787515353449	33.80
教师成长/专业素养		
卓越教师工具包：帮你顺利度过从教的前5年	9787515361345	49.00
★ 可见的学习与深度学习：最大化学生的技能、意志力和兴奋感	9787515361116	45.00
学生教给我的17件重要的事：带给你爱、勇气、坚持与创意的人生课堂	9787515361208	39.80
★ 教师如何持续学习与精进	9787515361109	39.00
从实习教师到优秀教师	9787515358673	39.90
像领袖一样教学：改变学生命运，使学生变得更好（中国教育新闻网2015年度“影响教师的100本书”）	9787515355375	49.00
★ 你的第一年：新教师如何生存和发展	9787515351599	33.80
教师精力管理：让教师高效教学，学生自主学习	9787515349169	28.00
如何使学生成为优秀的思考者和学习者：哈佛大学教育学院课堂思考解决方案	9787515348155	49.90
反思性教学：一个已被证明能让教师做到更好的培训项目（30周年纪念版）	9787515347837	59.90
★ 凭什么让学生服你：极具影响力的日常教育策略（中国教育新闻网2017年度“影响教师的100本书”）	9787515347554	28.00
运用积极心理学提高学生成绩（中国教育新闻网2017年度“影响教师的100本书”）	9787515345680	39.80
可见的学习与思维教学：成长型思维教学的54个教学资源：教学资源版	9787515354743	36.00
★ 可见的学习与思维教学：让教学对学生可见，让学习对教师可见（中国教育报2017年度“教师最喜爱的100本书”）	9787515345000	39.90

书名	书号	定价
教学是一段旅程：成长为卓越教师你一定要知道的事	9787515344478	39.00
安奈特·布鲁肖写给教师的101首诗	9787515340982	35.00
万人迷老师养成宝典学习指南	9787515340784	28.00
中小学教师职业道德培训手册：师德的定义、养成与评估	9787515340777	32.00
成为顶尖教师的10项修炼（中国教育新闻网2015年度“影响教师的100本书”）	9787515334066	35.00
★ T. E. T. 教师效能训练：一个已被证明能让所有年龄学生做到最好的培训项目（30周年纪念版）（中国教育新闻网2015年度“影响教师的100本书”）	9787515332284	49.00
教学需要打破常规：全世界最受欢迎的创意教学法（中国教育新闻网2015年度“影响教师的100本书”）	9787515331591	45.00
给幼儿教师的100个创意：幼儿园班级设计与管理	9787515330310	39.90
给小学教师的100个创意：发展思维能力	9787515327402	29.00
给中学教师的100个创意：如何激发学生的天赋和特长 / 杰出的教学 / 快速改善学生课堂表现	9787515330723等	87.90
以学生为中心的翻转教学11法	9787515328386	29.00
如何使教师保持职业激情	9787515305868	29.00
★ 如何培训高效能教师：来自全美权威教师培训项目的建议	9787515324685	39.90
良好教学效果的12试金石：每天都需要专注的事情清单	9787515326283	29.90
★ 让每个学生主动参与学习的37个技巧	9787515320526	45.00
给教师的40堂培训课：教师学习与发展的最佳实操手册	9787515352787	39.90
提高学生学习效率的9种教学方法	9787515310954	27.80
★ 优秀教师的课堂艺术：唤醒快乐积极的教学技能手册	9787515342719	26.00
★ 万人迷老师养成宝典（第2版）（入选《中国教育报》“2010年影响教师的100本书”）	9787515342702	39.00
高效能教师的9个习惯	9787500699316	26.00
课堂教学/课堂管理		
男孩不难教：男孩学业、态度、行为问题的新解决方案	9787515364827	49.00
★ 高度参与的线上线下融合式教学设计：极具影响力的备课、上课、练习、评价项目教学法	9787515364438	49.00
跨学科项目式教学：通过“+1”教学法进行计划、管理和评估	9787515361086	49.00
课堂上最重要的56件事	9787515360775	35.00
★ 全脑教学与游戏教学法	9787515360690	39.00
★ 深度教学：运用苏格拉底式提问法有效开展备课设计和课堂教学	9787515360591	49.90
★ 一看就会的课堂设计：三个步骤快速构建完整的课堂管理体系	9787515360584	39.90
如何有效激发学生学习兴趣	9787515360577	38.00
如何解决课堂上最关键的9个问题	9787515360195	49.00
多元智能教学法：挖掘每一个学生的最大潜能	9787515359885	39.90
★ 探究式教学：让学生学会思考的四个步骤	9787515359496	39.00
课堂提问的技术与艺术	9787515358925	49.00
如何在课堂上实现卓越的教与学	9787515358321	49.00
基于学习风格的差异化教学	9787515358437	39.90
★ 如何在课堂上提问：好问题胜过好答案	9787515358253	39.00
★ 高度参与的课堂：提高学生专注力的沉浸式教学	9787515357522	39.90
让学习变得有趣	9787515357782	39.00

书名	书号	定价
如何利用学校网络进行项目式学习和个性化学习	9787515357591	39.90
基于问题导向的互动式、启发式与探究式课堂教学法	9787515356792	49.00
如何在课堂中使用讨论：引导学生讨论式学习的60种课堂活动	9787515357027	38.00
如何在课堂中使用差异化教学	9787515357010	39.90
如何在课堂中培养成长型思维	9787515356754	39.90
每一位教师都是领导者：重新定义教学领导力	9787515356518	39.90
教室里的1-2-3魔法教学：美国广泛使用的从学前到八年级的有效课堂纪律管理	9787515355986	39.90
如何在课堂中使用布卢姆教育目标分类法	9787515355658	39.00
如何在课堂上使用学习评估	9787515355597	39.00
7天建立行之有效的课堂管理系统：以学生为中心的分层式正面管教	9787515355269	29.90
积极课堂：如何更好地解决课堂纪律与学生的冲突	9787515354590	38.00
设计智慧课堂：培养学生一生受用的学习习惯与思维方式	9787515352770	39.00
追求学习结果的88个经典教学设计：轻松打造学生积极参与的互动课堂	9787515353524	39.00
从备课开始的100个课堂活动设计：创造积极课堂环境和学习乐趣的教师工具包	9787515353432	33.80
老师怎么教，学生才能记得住	9787515353067	48.00
多维互动式课堂管理：50个行之有效的方法助你事半功倍	9787515353395	39.80
智能课堂设计清单：帮助教师建立一套规范程序和做事方法	9787515352985	49.90
提升学生小组合作学习的56个策略：让学生变得专注、自信、会学习	9787515352954	29.90
快速处理学生行为问题的52个方法：让学生变得自律、专注、爱学习	9787515352428	39.00
王牌教学法：罗恩·克拉克学校的创意课堂	9787515352145	39.80
让学生快速融入课堂的88个趣味游戏：让上课变得新颖、紧凑、有成效	9787515351889	39.00
如何调动与激励学生：唤醒每个内在学习者（李希贵校长推荐全校教师研读）	9787515350448	39.80
合作学习技能35课：培养学生的协作能力和未来竞争力	9787515340524	59.00
基于课程标准的STEM教学设计：有趣有料有效的STEM跨学科培养教学方案	9787515349879	68.00
如何设计教学细节：好课堂是设计出来的	9787515349152	39.00
15秒课堂管理法：让上课变得有料、有趣、有秩序	9787515348490	49.00
混合式教学：技术工具辅助教学实操手册	9787515347073	39.80
从备课开始的50个创意教学法	9787515346618	39.00
中学生实现成绩突破的40个引导方法	9787515345192	33.00
给小学教师的100个简单的科学实验创意	9787515342481	39.00
老师如何提问，学生才会思考	9787515341217	49.00
教师如何提高学生小组合作学习效率	9787515340340	39.00
卓越教师的200条教学策略	9787515340401	49.90
中小学生执行力训练手册：教出高效、专注、有自信的学生	9787515335384	33.80
从课堂开始的创客教育：培养每一位学生的创造能力	9787515342047	33.00
提高学生学习专注力的8个方法：打造深度学习课堂	9787515333557	35.00
改善学生学习态度的58个建议	9787515324067	36.00
全脑教学（中国教育新闻网2015年度“影响教师的100本书”）	9787515323169	38.00
全脑教学与成长型思维教学：提高学生学习力的92个课堂游戏	9787515349466	39.00
哈佛大学教育学院思维训练课：让学生学会思考的20个方法	9787515325101	59.90
完美结束一堂课的35个好创意	9787515325163	28.00
如何更好地教学：优秀教师一定要知道的事	9787515324609	36.00

	书名	书号	定价
	带着目的教与学	9787515323978	28.00
★	美国中小学生社会技能课程与活动（学前阶段/1-3年级/4-6年级/7-12年级）	9787515322537等	153.80
	彻底走出教学误区：开启轻松智能课堂管理的45个方法	9787515322285	28.00
	破解问题学生的行为密码：如何教好焦虑、逆反、孤僻、暴躁、早熟的学生	9787515322292	36.00
	13个教学难题解决手册	9787515320502	28.00
★	让学生爱上学习的165个课堂游戏	9787515319032	39.00
	美国学生游戏与素质训练手册：培养孩子合作、自尊、沟通、情商的103种教育游戏	9787515325156	49.00
	老师怎么说，学生才会听	9787515312057	39.00
	快乐教学：如何让学生积极与你互动（入选《中国教育报》“影响教师的100本书”）	9787500696087	29.00
★	老师怎么教，学生才会提问	9787515317410	29.00
★	快速改善课堂纪律的75个方法	9787515313665	28.00
★	教学可以很简单：高效能教师轻松教学7法	9787515314457	39.00
★	好老师可以避免的20个课堂错误（入选《中国教育报》“影响教师的100本图书”）	9787500688785	39.90
★	好老师应对课堂挑战的25个方法（《给教师的101条建议》作者新书）	9787500699378	25.00
★	好老师激励后进生的21个课堂技巧	9787515311838	39.80
★	开始和结束一堂课的50个好创意	9787515312071	29.80
	好老师因材施教的12个方法（美国著名教师伊莉莎白“好老师”三部曲）	9787500694847	22.00
★	如何打造高效能课堂	9787500680666	29.00
	合理有据的教师评价：课堂评估衡量学生进步	9787515330815	29.00
	班主任工作/德育		
★	北京四中8班的教育奇迹	9787515321608	36.00
★	师德教育培训手册	9787515326627	29.80
	中小学教师职业道德培训手册：师德的定义、养成与评估	9787515340777	32.00
★	好老师征服后进生的14堂课（美国著名教师伊莉莎白“好老师”三部曲）	9787500693819	39.90
	优秀班主任的50条建议：师德教育感动读本（《中国教育报》专题推荐）	9787515305752	23.00
	学校管理/校长领导力		
★	学校管理最重要的48件事	9787515361055	39.80
	重新设计学习和教学空间：设计利于活动、游戏、学习、创造的学习环境	9787515360447	49.90
	重新设计一所好学校：简单、合理、多样化地解构和重塑现有学习空间和学校环境	9787515356129	49.00
	让樱花绽放英华	9787515355603	79.00
	学校管理者平衡时间和精力的21个方法	9787515349886	29.90
	校长引导中层和教师思考的50个问题	9787515349176	29.00
	如何定义、评估和改变学校文化	9787515340371	29.80
	优秀校长一定要做的18件事（入选《中国教育报》“2009年影响教师的100本书”）	9787515342733	39.90
	学科教学/教科研		
	人大附中整本书阅读取胜之道：让阅读与作文双赢	9787515364636	59.90
	北京四中语文课：千古文章	9787515360973	59.00
	北京四中语文课：亲近经典	9787515360980	59.00
	从备课开始的56个英语创意教学：快速从小白老师到名师高手	9787515359878	49.90
	美国学生写作技能训练	9787515355979	39.90
	《道德经》妙解、导读与分享（诵读版）	9787515351407	49.00
	京沪穗江浙名校名师联手教你：如何写好中考作文	9787515356570	49.90

书名	书号	定价
京沪穗江浙名校名师联手授课：如何写好高考作文	9787515356686	49.80
人大附中中考作文取胜之道	9787515345567	39.80
人大附中高考作文取胜之道	9787515320694	49.90
人大附中学生这样学语文：走近经典名著	9787515328959	33.80
四界语文（入选《中国教育报》2017年度“教师喜爱的100本书”）	9787515348483	49.00
让小学一年级孩子爱上阅读的40个方法	9787515307589	39.90
让学生爱上数学的48个游戏	9787515326207	26.00
轻松100课教会孩子阅读英文	9787515338781	88.00
情商教育/心理咨询		
9节课，教你读懂孩子：妙解亲子教育、青春期教育、隔代教育难题	9787515351056	39.80
学生版盖洛普优势识别器（独一无二的优势测量工具）	9787515350387	169.00
与孩子好好说话（获“美国国家育儿出版物（NAPPA）金奖”）	9787515350370	39.80
中小学心理教师的10项修炼	9787515309347	36.00
别和青春期的孩子较劲（增订版）（入选《中国教育报》“2009年影响教师的100本书”）	9787515343075	28.00
100条让孩子胜出的社交规则	9787515327648	28.00
守护孩子安全一定要知道的17个方法	9787515326405	32.00
幼儿园/学前教育		
中挪学前教育合作式学习：经验·对话·反思	9787515364858	79.00
幼小衔接听读能力课	9787515364643	33.00
用蒙台梭利教育法开启0~6岁男孩潜能	9787515361222	45.00
德国幼儿的自我表达课：不是孩子爱闹情绪，是她/他想说却不会说！	9787515359458	59.00
德国幼儿教育成功的秘密：近距离体验德国学前教育理念与幼儿园日常活动安排	9787515359465	49.80
美国儿童自然拼读启蒙课：至关重要的早期阅读训练系统	9787515351933	49.80
幼儿园30个大主题活动精选：让工作更轻松的整合技巧	9787515339627	39.80
美国幼儿教育活动大百科：3-6岁儿童学习与发展指南用书 科学/艺术/健康与语言/社会	9787515324265等	600.00
蒙台梭利早期教育法：3-6岁儿童发展指南（理论版）	9787515322544	29.80
蒙台梭利儿童教育手册：3-6岁儿童发展指南（实践版）	9787515307664	33.00
自由地学习：华德福的幼儿园教育	9787515328300	29.90
赞美你：奥巴马给女儿的信	9787515303222	19.90
史上最接地气的幼儿书单	9787515329185	39.80
教育主张/教育视野		
学习的科学：每位教师都应知道的77项教育研究成果	9787515364094	59.00
真实性学习：如何设计体验式、情境式、主动式的学习课堂	9787515363769	49.00
哈佛前1%的秘密（俞敏洪、成甲、姚梅林、张梅玲推荐）	9787515363349	59.90
基于七个习惯的自我领导力教育设计：让学校育人更有道，让学生自育更有根	9787515362809	69.00
终身学习：让学生在未来拥有不可替代的决胜力	9787515360560	49.90
颠覆性思维：为什么我们的阅读方式很重要	9787515360393	39.90
如何教学生阅读与思考：每位教师都需要的阅读训练手册	9787515359472	39.00
“互联网+”时代，如何做一名成长型教师	9787515340302	29.90
教出阅读力	9787515352800	39.90
为学生赋能：当学生自己掌控学习时，会发生什么	9787515352848	33.00

	书名	书号	定价
	如何用设计思维创意教学：风靡全球的创造力培养方法	9787515352367	39.80
	如何发现孩子：实践蒙台梭利解放天性的趣味游戏	9787515325750	32.00
	如何学习：用更短的时间达到更佳效果和更好成绩	9787515349084	49.00
	教师和家长共同培养卓越学生的10个策略	9787515331355	27.00
★	如何阅读：一个已被证实的低投入高回报的学习方法	9787515346847	39.00
★	芬兰教育全球第一的秘密（钻石版）（《中国教育报》等主流媒体专题推荐）	9787515359922	59.00
	世界最好的教育给父母和教师的45堂必修课（《芬兰教育全球第一的秘密》2）	9787515342696	28.00
★	杰出青少年的7个习惯（精英版）	9787515342672	39.00
	杰出青少年的7个习惯（成长版）	9787515335155	29.00
★	杰出青少年的6个决定（领袖版）（全国优秀出版物奖）	9787515342658	49.90
★	7个习惯教出优秀学生（第2版）（全球畅销书《高效能人士的七个习惯》教师版）	9787515342573	39.90
	学习的科学：如何学习得更好更快（入选中国教育网2016年度“影响教师的100本书”）	9787515341767	39.80
	杰出青少年构建内心世界的5个坐标（中国青少年成长公开课）	9787515314952	59.00
★	跳出教育的盒子（第2版）（美国中小学教学经典畅销书）	9787515344676	35.00
	夏烈教授给高中生的19场讲座	9787515318813	29.90
★	学习之道：美国公认经典学习书	9787515342641	39.00
★	翻转学习：如何更好地实践翻转课堂与慕课教学（中国教育新闻网2015年度“影响教师的100本书”）	9787515334837	32.00
★	翻转课堂与慕课教学：一场正在到来的教育变革	9787515328232	26.00
	翻转课堂与混合式教学：互联网+时代，教育变革的最佳解决方案	9787515349022	29.80
	翻转课堂与深度学习：人工智能时代，以学生为中心的智慧教学	9787515351582	29.80
★	奇迹学校：震撼美国教育界的教学传奇（中国教育新闻网2015年度“影响教师的100本书”）	9787515327044	36.00
★	学校是一段旅程：华德福教师1-8年级教学手记	9787515327945	49.00
★	高效能人士的七个习惯（30周年纪念版）（全球畅销书）	9787515360430	79.00